Lisanne Windeln

Kampf um die Folter

AF618299

Lisanne Windeln

Kampf um die Folter

Die öffentliche Debatte in den USA

Tectum Verlag

Lisanne Windeln

Kampf um die Folter.
Die öffentliche Debatte in den USA
ISBN: 978-3-8288-2489-8
Umschlagabbildung: photocase.com © DocStein (bearbeitet)
Umschlaggestaltung: Norman Rinkenberger | Tectum Verlag
© Tectum Verlag Marburg, 2010

Besuchen Sie uns im Internet
www.tectum-verlag.de

Bibliografische Informationen der Deutschen Nationalbibliothek
Die Deutsche Nationalbibliothek verzeichnet diese Publikation in der Deutschen Nationalbibliografie; detaillierte bibliografische Angaben sind im Internet über http://dnb.ddb.de abrufbar.

INHALT

"No man can take part in the torture of a human being without having his own moral nature permanently lowered. Every lynching means just so much moral deterioration in all the children who have any knowledge in it, and therefore just so much additional trouble for the next generation of Americans." (Theodore Roosevelt, December 5, 1905, Fifth Annual Address)[1]

I. Einleitung in das Thema mit Würdigung der Literatur

Der 11. September wird in der Diskussion über Menschenrechte allgemein als besonders einschneidender Wendepunkt empfunden. Unmittelbar vor dem 11. September galten als wichtigste menschenrechtliche Debatten die ethischen Problematiken der biomedizinischen Forschung sowie das Spannungsverhältnis von Globalisierung und Menschenrechten.[2] Die Fokussierung auf diese beiden Themen war aufgrund der dramatischen wissenschaftlichen und ökonomischen Veränderungen natürlich, da sie ganz neue menschenrechtliche Fragestellungen mit sich brachten. Die traditionellen bürgerlichen und politischen Menschenrechte schienen nicht mehr der Diskussion zu bedürfen, da sie als allgemein akzeptiert galten. Dass ein Terroranschlag an dem absoluten Folterverbot in westlichen Demokratien rütteln könnte, schien undenkbar. Seit dem 11. September jedoch gehört die Debatte über den Einsatz von Folter bei der Terrorismusbekämpfung zu den am heftigsten diskutierten Themen in der amerikanischen und europäischen Öffentlichkeit.

Nach dem 11. September wurde das Programm der sogenannten „extraordinary renditions"[3] stark ausgebaut. Dieses Programm der „außerordentlichen Überstellungen" wurde Mitte der neunziger

---

1 Zit. in: Colleen J. Shogan, *The Moral Rhetoric of American Presidents* (College Station: Texas A&M UP, 2006) 184.

2 Gabriele von Arnim, et al., eds. *Jahrbuch Menschenrechte 2003: Schwerpunkt Terrorismusbekämpfung und Menschenrechte* (Frankfurt am Main: Suhrkamp Taschenbuch Verlag, 2002) 9.

3 Jane Mayer, "Outsourcing Torture: The Secret History of America's 'Extraordinary Rendtitions' Program," *The New Yorker* (14. Februar 2005): 3. http://www.newyorker.com/archive/2005/02/14/050214fa_fact6 (20.02.2008).

Jahre unter der Clinton-Regierung entwickelt und zu dieser Zeit nur in begrenztem Umfang durchgeführt. Was beinhaltete dieses Programm? Den USA-Geheimdiensten verdächtig erscheinende Personen, die mutmaßlich in terroristische Aktivitäten verwickelt waren, wurden von Mitarbeitern der CIA in verschiedenen Ländern der Erde aufgegriffen, gefangen genommen und schließlich in ein Gefängnis eines Verbündeten der USA überführt. Ziel war und ist es, in anderen Ländern, die in ihren Gefängnissen Folter praktizieren, die gefangen genommenen Verdächtigen unter Folter verhören zu können, um so mögliche brisante Informationen zu geplanten terroristischen Anschlägen zu erhalten. Eine Internierung eines Geheimgefangenen kann sich über einen langen Zeitraum erstrecken, von einigen Monaten bis zu mehreren Jahren. Einigen Schätzungen zufolge hielten die Vereinigten Staaten 2006 rund 1000 Personen, davon 450 auf dem Stützpunkt Guantánamo Bay auf Cuba, in verschiedenen Internierungscamps weltweit gefangen.[4] Andere Schätzungen gehen von etwa 65000 Kriegsgefangenen aus, die im sog. „Krieg gegen den Terror" gefangen genommen wurden. Von „außerordentlichen Überstellungen" seien 13000 Personen, auch „Ghost Detainees" genannt, betroffen gewesen, die ohne das Wissen ihrer Angehörigen gefangen genommen, von einem Haftzentrum zum nächsten gebracht und dabei kontinuierlich gefoltert wurden.[5]

Wie ist dieses Programm zu bewerten? Diese „außerordentlichen Überstellungen" sind vom Prinzip her nichts anderes als das sogenannte „Verschwindenlassen" von Personen, in der Fachterminologie wird von „enforced disappearances" gesprochen.[6] Guantánamo beweist, dass davon nicht nur Erwachsene betroffen sind. 2004 wurden drei Kinder im Alter zwischen 13 und 15 Jahren, die ein Jahr lang auf Guantánamo interniert waren, entlassen. Es wird angenommen, dass das Militär weiterhin eine unbekannte Zahl von Jugendlichen im Alter von 16 bis 17 Jahren festhält. Diese werden nicht getrennt, sondern gemeinsam mit Erwachsenen untergebracht. Diese Art der Unterbringung verletzt internationale Standards.

---

4 Lotte Leicht, „Bush zerstört Amerikas Werte," *Die Zeit* (1. April 2004). http://www.zeit.de/2004/15/Essay_Leicht?page=1 (20.02.2008).

5 Roger Willemsen, *Hier spricht Guantánamo: Interviews mit Ex-Häftlingen* (Frankfurt am Main: Fischer Taschenbuch, 2007): 21.

6 Amnesty International, *USA: Off the Record: U.S. Responsibility for Enforced Disappearances in the "War on Terror"* (7. Juni 2006). http://www.amnesty.org/en/library/info/AMR51/093/2007 (20.02.2008).

Zudem stellt sich die Frage, ob sich auf Guantánamo nicht, wie öffentlich dargestellt, hochgefährliche Kriegsgefangene befinden, sondern dort eine große Anzahl von Zivilisten interniert ist. Dies erscheint wahrscheinlich, da eine große Anzahl von Verdächtigen gegen ein Kopfgeld an US-Offiziere übergeben werden. Laut Zeugenaussagen handelt es sich bei zahlreichen Gefangenen daher nicht um feindliche Kämpfer, sondern um einfache Bauern oder Arbeiter.[7] Sie wurden zu etwa neunzig Prozent nicht von Amerikanern festgenommen, sondern von Kopfgeldjägern oder Angehörigen der Nordallianz in Afghanistan. Diese liefern für durchschnittlich 3000 Dollar pro Mann selbst Angehörige von Hilfsorganisationen aus.[8] Anwälte von Gefangenen werden von Ermittlungsbeamten häufig als Verräter verleumdet.[9] Das Rote Kreuz macht keine Mitteilungen über die Zustände in den Internierungslagern, da es zum Grundverständnis dieser Organisation gehört, sich des politischen Kommentares zu enthalten. Die US-Regierung kann sich durch diesen Zustand in Sicherheit wiegen, denn die Zustände in vielen Lagern können der Weltöffentlichkeit damit verschwiegen werden.[10] Eine Kontrolle dieser Lager durch eine aufklärende Berichterstattung der Medien wird auch erschwert, da Journalisten nur begrenzten Zugang erhalten.

Bei der Analyse der amerikanischen Folterdebatte gilt es zu bedenken, dass es sie ohne die Aufdeckung des Abu Ghraib-Skandals, verbunden mit erschütternden Fotografien von Folterungen, in dieser Form vermutlich nicht gegeben hätte. Im Internet kursieren Hunderte von Fotos der Foltervorfälle von Abu Ghraib.[11] Sie erschienen ebenfalls in der amerikanischen Printpresse, beispielsweise in der bekannten amerikanischen Zeitschrift *The New Yorker*.[12] Eine Auswahl findet sich auch in wissenschaftlichen Veröffentlichungen,

---

7 Leicht, http://www.zeit.de/2004/15/Essay_Leicht?page=1 (20.02.2008).

8 Willemsen 10.

9 Willemsen 17.

10 Willemsen 10-11.

11 Joan Walsh, "The Abu Ghraib Files," *Salon.com* (14. März 2006). http://www.salon.com/news/abu_ghraib/2006/03/14/introduction/index.html (20.02.2008).

12 The New Yorker, "The Abu Ghraib Pictures," *The New Yorker* (03.05.2004). http://www.newyorker.com/archive/2004/05/03/slideshow_040503?slide=1#showHeader (20.02.2008).

wie in Mark Danners *Torture and Truth.*[13] Mithilfe dieser Bilder konnte bewiesen werden, dass irakische Gefangene im Abu Ghraib Gefängnis, das in der Nähe von Bagdad gelegen ist, zwischen Oktober und Dezember 2003 misshandelt und gefoltert wurden.

Menschenrechtsorganisationen wiesen auf mögliche Menschenrechtsverletzungen durch amerikanische Streitkräfte in irakischen Gefängnissen schon 2003 hin. Generalmajor Antonio Taguba wurde am 31. Januar 2004 mit einer Sonderuntersuchung beauftragt.[14] Aber erst mit der Veröffentlichung der Folterbilder am 28. April 2004 in der populären Nachrichtensendung Sixty Minutes II des amerikanischen Fernsehsenders CBS beginnt die Skandalisierung der Foltervorkommnisse von Abu Ghraib.[15] Was folgt, ist eine erhitzte öffentliche Debatte über die Einschätzung dieser Folterhandlungen. Die Bilder zeigen, wie nackte Gefangene zu entwürdigenden Handlungen gezwungen wurden. Sie wurden etwa gruppenweise zur Masturbation genötigt oder als menschliche Pyramide gestapelt. Es kam zu Vergewaltigungen und Totschlag. Hunde wurden eingesetzt, um die Gefangenen einzuschüchtern. In den Medien wurde nach der Veröffentlichung dieser Bilder die Frage diskutiert, inwiefern diese Misshandlungen und Folterungen zu einem System der routinemäßigen physischen und psychischen Brechung von Gefangenen vor Verhören gehörten, und ob diese von oberster Stelle befohlen worden waren. Donald Rumsfeld übernahm am 7. Mai 2004 für die Vorkommnisse die politische Verantwortung[16]. Bei der amerikanischen Folterdebatte muss man demnach beachten, dass neben dem rationalen Diskurs über die Foltermemoranden des Justizministeriums auch Folterfotos existieren, die eine extrem emotionale Reaktion hervorrufen und die diese tief greifende Debatte vielleicht erst ermöglicht haben. Zuvor fehlte eine bildliche Vorstellung über mögliche Foltermethoden der CIA und somit fehlte auch das Bewusst-

---

13 Mark Danner, *Torture and Truth: America, Abu Ghraib and the War on Terror,* (New York: New York Review of Books, 2004): 217-224.

14 Spiegel Online, „Abu Ghraib: Chronologie eines Folter-Skandals," *Spiegel Online* (23. August 2004) http://www.spiegel.de/politik/ausland/0,1518,314635,00.html (20.02.2008).

15 Christopher Hanson, „Tortured Logic: CBS held the Abu Ghraib Photos on Principle, Right?" *Columbia Journalism Review* (Juli/August 2004). http://cjrarchives.org/issues/2004/4/voices-hanson.asp (20.02.2008).

16 Tagesschau.de, „Folter im Irak: Chronologie der Folteraffäre in Abu Ghraib," Tagesschau.de (15. Januar 2005). http://www.tagesschau.de/ausland/meldung203586.html (20.02.2008).

sein für die Grausamkeit der Verhörpraktiken und der damit verbundenen ethischen Probleme.

Wenn im Folgenden von dem „Krieg gegen den Terror“, in dessen Rahmen Folterungen stattfanden und -finden, gesprochen wird, so wird dieser von der US-Regierung geprägte Begriff aus praktischen Gründen verwendet. Er ist Teil des medialen Diskurses, wobei dies nicht bedeutet, dass der Kampf gegen den internationalen Terrorismus einen Kriegsbegriff von vornherein legitimiert. Die vorliegende Arbeit wird zu einem späteren Zeitpunkt noch genauer auf Kriegsdefinitionen eingehen.

Wichtig ist, darauf hinzuweisen, dass die aktuellsten der hier zu analysierenden Quellen der Folterdebatte 2006 publiziert wurden. Wie DIE ZEIT Online vom 12.7.2006 meldete, hat die US-Regierung die Genfer Konventionen, im Gegensatz zu den 2002 publizierten Memoranden, auch für Terrorverdächtige inzwischen anerkannt.[17] Diese Entwicklung ereignete sich nach der Veröffentlichung der Beiträge.

Was motiviert in der Amerikanistik über ein juristisches Thema zu schreiben? Kann das klassische Forschungsfeld der Amerikanisten, die fiktionale Literatur, mit ihren Methoden bei der Bewertung der amerikanischen Folterdebatte weiterhelfen? Die Verbindung von Literatur- und Rechtswissenschaft ist aktuell ein sehr bevorzugtes Forschungsfeld, wie Bernhard Großfeld bemerkt: „‚Literatur und Recht‘ ist der Renner in der Rechtsvergleichung und hat der ‚ökonomischen Theorie des Rechts‘ den Rang abgelaufen (jedenfalls außerhalb Deutschlands).“[18]

Zum einen beschäftigt sich auch die Literaturwissenschaft mit der speziellen Rhetorik unterschiedlicher Texte, juristische Rhetorik ist nur eine Variante davon. Zum anderen wird anhand der Folterdebatte in den USA deutlich, wie stark die Diskussion vor dem spezifischen nationalen Hintergrund geführt wird. Es geht hier nicht allein um die nüchterne Auslegung völkerrechtlicher Verträge, sondern auch um amerikanische Sichtweisen auf das kulturell Fremde sowie das amerikanische Selbstverständnis, das in einer patriotischen Rhetorik zum Ausdruck kommt. Der Amerikanist verfügt über das Hintergrundwissen, wie sich das amerikanische Weltverständnis im

---

17 DIE ZEIT Online, „Genfer Konvention gilt,“ *ZEIT Online* (12. Juli 2006). http://www.zeit.de/online/2006/28/us-genfer-konvention-guantanamo (20.02.2008).

18 Bernhard Großfeld, „Rechtsdogmatik/Rechtspoetik“, *Juristenzeitung 12* (2003): 1149.

Laufe der Geschichte konstituiert hat. Dies kommt in der amerikanischen Literatur in besonders prägnanter Weise zum Ausdruck. „Kulturen schaffen rechtliche Bedeutung durch vielfältig verknüpfte intellektuelle, politische und gesellschaftliche Konventionen, die nicht rational festgelegt sind.“[19]

Hier lohnt sich auch ein Blick auf die deutsche Folterdiskussion, um die kulturell bedingten Argumentationsweisen der amerikanischen Folterdebatte näher herauszuarbeiten. Auf die Debatte im Entführungsfall von Jakob von Metzler wird noch detaillierter einzugehen sein.

Die zu untersuchenden Beiträge der amerikanischen Folterdebatte werden im Rahmen einer Diskurs- und Rhetorikanalyse beleuchtet. Wie bei anderen gesellschaftlichen Debatten auch, werden vor allem ethische beziehungsweise religiöse sowie politische Argumente gebraucht, die es zu untersuchen gilt. Das gilt in gleicher Weise für historische Vergleiche, die herangezogen werden und die hinsichtlich ihrer Angemessenheit beleuchtet werden müssen. Die Gemeinsamkeiten von fiktionaler Literatur, dem traditionellen Arbeitsfeld von Amerikanisten, und juristischen Texten werden im Rahmen einer allgemeinen Erörterung des juristischen Diskurses ebenfalls kurz behandelt.

Zu analysieren ist auch die Art und Weise, wie Folter sprachlich dargestellt beziehungsweise nicht dargestellt wird. Inwieweit wird deutlich, dass Folter mit massiver Gewalt verbunden ist, die nach geltendem Völkerrecht sowohl eine Menschenrechtsverletzung für das Folteropfer als auch für den Folternden darstellt? Wie werden schließlich speziell einzelne Foltertechniken bei den Folterbefürwortern sowie bei den Foltergegnern im Vergleich beschrieben?

Wie wird der Antagonismus zwischen islamistischen Terroristen und nationaler amerikanischer Selbsterhaltung mithilfe einer patriotischen Rhetorik in Szene gesetzt? Was die Einschätzung des juristischen Inhalts der Folterdebatte betrifft, so wird in dieser Diskursanalyse grundlegend von der uneingeschränkten Geltung der UN-Menschenrechtscharta[20], dem Internationalen Pakt über Bürgerliche

---

19 Großfeld 1151.

20 United Nations Organisation, Universal Declaration of Human Rights (10. Dezember 1948), http://www.unhchr.ch/udhr/lang/eng.htm (20.02.2008).

und Politische Rechte von 1966,[21] der UN-Antifolterkonvention von 1984[22] sowie den Genfer Konventionen ausgegangen[23]. Die zu analysierenden Quellen der amerikanischen Folterdebatte sind der Veröffentlichung *The Torture Debate in America,* herausgegeben von Karen Greenberg[24] sowie Alan Dershowitz' *Why Terrorism Works*[25] entnommen. Diese Veröffentlichungen stützen sich auf die Memoranden des Justizministeriums, sowie auf die Berichte über die Foltervokommnisse von Abu Ghraib, wie sie in *The Torture Papers*[26] von Karen J. Greenberg, sowie der erwähnten Veröffentlichung, *Torture and Truth* von Mark Danner, zusammengestellt wurden. Völkerrechtliche Definitionen wurden den einführenden Büchern in das Völkerrecht von Matthias Herdegen sowie Stephan Hobe und Otto Kimminich[27] entnommen. Rechtsphilosophische Erörterungen stützen sich im Wesentlichen auf Veröffentlichungen in der Juristenzeitung aus den Jahren 2000 bis 2007 sowie auf Ronald Dworkins Werk *Bürgerrechte ernstgenommen*[28]. Theoretische Grundlagen für die Diskurs- und Rhetorikanalyse finden sich unter anderem in verwendeten Veröffentlichungen wie *The Rhetoric of the Human Sciences,*[29] herausgegeben von John S. Nelsen sowie in den Werken von Aristoteles,[30] Jürgen Habermas[31] und Michel Foucault.[32]

---

21 United Nations Organisation, *International Covenant on Civil and Political Rights* (16. Dezember 1966) http://www2.ohchr.org/english/law/cat.htm (20.02.2008).

22 United Nations Organisation, *Convention against Torture and Other Cruel, Inhuman or Degrading Treatment or Punishment* (10. Dezember 1984) http://www2.ohchr.org/english/law/cat.htm (20.02.2008).

23 United Nations Organisation, Geneva Convention Relative to the Treatment of Prisoners of War (12. August 1949). http://www.ohchr.org/english/law/prisonerwar.htm (20.02.2008).

24 Karen J. Greenberg, ed., *The Torture Debate in America.* (Cambridge: Cambridge UP, 2006).

25 Alan M. Dershowitz, *Why Terrorism Works: Understanding the Threat, Responding to the Challenge* (New Haven und London: Yale UP, 2002).

26 Karen J. Greenberg und Joshua L. Dratel, *The Torture Papers: The Road to Abu Ghraib* (Cambridge: Cambridge UP, 2006).

27 Matthias Herdegen, *Völkerrecht* (München: Beck, 2007) sowie Stephan Hobe und Otto Kimminich, *Einführung in das Völkerrecht* (Tübingen: Francke, 2004).

28 Ronald Dworkin, Bürgerrechte ernstgenommen (Frankfurt am Main: Suhrkamp, 1984).

29 John S. Nelson, ed., *The Rhetoric of the Human Sciences* (Madison: U of Wisconsin P, 1987).

30 Aristoteles, Rhetorik (München: Wilhelm Fink Verlag, 1995).

Bei den Folterbefürwortern spielt die Analyse der verwendeten politischen und patriotischen Rhetorik eine zentrale Rolle. Auf den menschenrechtlichen und ethischen beziehungsweise religiösen Diskurs sowie historische Vergleiche wird im Rahmen der Analyse der Foltergegner eingegangen.

Im Vergleichskapitel werden die unterschiedliche Einschätzung der Foltermemoranden der US-Regierung und der Foltervorkommnisse von Abu Ghraib sowie die Einschätzung des „außergewöhnlichen" Wesens des islamistischen Terrorismus, das rechtsfreie Räume mit sich bringt, näher untersucht. Letztendlich stellt sich die Frage, ob es sich in dieser Debatte noch um eine klassische juristische Rhetorik handelt, der es um Gerechtigkeit im naturrechtlichen Sinne geht.

Im thematischen Ausblick werden verschiedene Themen, die der Folterdebatte verwandt sind, kurz angesprochen. Bei der Analyse der Debatte muss beachtet werden, dass viele Beitragende ehemalige Mitarbeiter des Office of Legal Counsel (OLC) sind, deren juristische Mitarbeiter von der Seite der Foltergegner scharfer Kritik ausgesetzt werden. Die Kritik bezieht sich vor allen Dingen auf das Memorandum über die Anwendbarkeit der Genfer Konventionen auf gefangen genommene Mitglieder der Al Quaida und Taliban vom 9. Januar 2002[33] und das Foltermemorandum vom 1. August 2002, verfasst von Jay Bybee.[34] Von der genannten Behörde wird in dieser Arbeit noch häufiger die Rede sein, dabei wird die Abkürzung OLC aus praktischen Gründen verwendet. Was sind die Aufgaben des OLC? Jeffrey K. Shapiro gibt in seinem Artikel „Legal

31 Jürgen Habermas, *Erläuterungen zur Diskursethik* (Frankfurt am Main: Suhrkamp, 1992) und *Faktizität und Geltung: Beiträge zur Diskurstheorie des Rechts und des demokratischen Rechtsstaates* (Frankfurt am Main: Suhrkamp, 1998).

32 Michel Foucault, *Die Ordnung des Diskurses: Mit einem Essay von Ralf Konsersmann* (Frankfurt am Main: Fischer, 2007).

33 Yoo, John und Robert Delahunty, „Memo Re: Application of Treaties and Laws to al Quaida and Taliban Detainees, Januar 9, 2002," *The Torture Papers: The Road to Abu Ghraib*, ed. Karen J. Greenberg und Joshua l. Dratel (Cambridge: Cambridge UP, 2005): 38-79.

34 Bybee, Jay, „Memo Re: Standards of Conduct for Interrogation Under 18 U. S. C. §§ 2340-2340A, aka the 'Torture Memo', August, 1 2002." *The Torture Debate in America*, ed. Karen J. Greenberg (Cambridge: Cambridge UP, 2006): 317-360.

Ethics and Other Perspectives"[35] dazu einen kurzen Überblick, er schreibt:

> OLC assists the Attorney General in his function as legal advisor to the President and all the Executive Branch agencies. OLC drafts legal opinions of the Attorney General and also provides its own written opinions and oral advice in response to requests from the Counsel to the President and the various agencies of the Executive Branch. As the name implies, the 'Office of Legal Counsel' exists to provide legal counsel. OLC does not provide significant policy, political, or public relations advice. OLC's narrow but important function is to read the law and provide reasonably objective legal analysis for the Executive Branch, especially on matters important to the Attorney General and the President. OLC's pronouncements on the law are treated as authoritative within the Executive Branch.[36]

Dem Artikel von Michael C. Dorf lässt sich zu den Memoranden des OLC noch Folgendes entnehmen:

> OLC memos do not have the force of law in quite the way that opinions of the Supreme Court do, but neither are they mere opinion pieces in the way that, say, a scholarly article or a law professor's column on FindLaw's Writ is. OLC is often asked to address constitutional issues that will never make it to court - what lawyers call nonjusticiable political questions. In these circumstances, the formal advice of OLC may be the only sort of 'precedent' that exists. Moreover, although the head of OLC and the top deputies are political appointees, the office as a whole has long had a culture of independence.[37]

Was ihre Biografien angeht, so sind manche Folterbefürworter interessanterweise in der juristischen Arbeit mit menschenrechtlichem Schwerpunkt beheimatet. Dies beweist einmal mehr, welch einen grundlegenden Wandel der 11. September bezüglich des Rechtsverständnisses herbeigeführt hat. Folterbefürworter befinden sich in Kreisen ehemaliger Bürgerrechtler. Ein prominentes (und medienwirksames) Beispiel hierfür ist der linksliberale Anwalt Alan

---

35 Jeffery K. Shapiro, „Legal Ethics and Other Perspectives," *The Torture Debate in America*, ed. Karen J. Greenberg (Cambridge: Cambridge UP, 2006): 229-235.

36 Shapiro 230-231.

37 Michael C. Dorf, „Renouncing Torture," *The Torture Debate in America*, ed. Karen J. Greenberg (Cambridge. Cambridge UP, 2006): 248-249.

Dershowitz, der sich in seinen Veröffentlichungen aktuell für die Folter ausspricht.[38] Bei der Bewertung der einzelnen Beiträge der Folterdebatte werden die Argumente der Autoren mit den relevanten völkerrechtlichen Pakten verglichen.

Egal wie man zu der Frage steht, ob die Folter in einem Rechtsstaat erlaubt sein sollte, muss ein Diskurs darüber in der Öffentlichkeit möglich sein, wie Georg Wagenländer anmerkt: „Eine Tabuisierung des Themas [...] darf es in einer aufgeklärten Gesellschaft nicht geben."[39] In Bezug auf die deutsche Diskussion um Folter, die sich um die Folterandrohungen des Frankfurter Polizeivizepräsidenten Daschner im Entführungsfall Jakob Metzler entzündete, stellt Amnesty International in einem Memorandum zum Schutz des absoluten Folterverbotes Folgendes fest:

> Wir sehen in dieser Diskussion deshalb auch eine große Chance, uns über die Bedeutung der grundlegenden demokratischen Werte unserer Gesellschaftsordnung erneut zu vergewissern und diese auch in Zeiten vielfältiger und komplexer Bedrohungen zu verteidigen.[40]

Dies kann man auch auf die amerikanische Diskussion übertragen.

Ein weiteres Problem des momentanen öffentlichen Diskurses über die von den Vereinigten Staaten praktizierte Folter ist, dass der damit verbundene Dammbruch in den Medien häufig noch nicht wirklich wahrgenommen wurde. In Bezug auf Guantánamo schreibt Roger Willemsen dazu:

> Guantánamo wird immer noch als eine Irritation, nicht als das Skandalon einer Demokratie betrachtet, die sich frei fühlt, selbst zu bestimmen, wer auf ihre Grundrechte keinen Anspruch hat, und wer deshalb ohne Prozess verschleppt und entführt, isoliert, psychisch und physisch gefoltert, gebrochen und seiner vitalen Lebensmöglichkeiten beraubt, zurückgelassen werden darf.[41]

---

38 Dershowitz.

39 Georg Wagenländer, *Zur Strafrechtlichen Beurteilung der Rettungsfolter* (Berlin: Duncker& Humboldt, 2006) 24.

40 Amnesty International, *Nein zur Folter. Ja zum Rechtsstaat* : Für den Schutz des absoluten Folterverbotes (Januar 2005)
http://www2.amnesty.de/internet/deall.nsf/3c7abab8e052c42fc1256eeb004ce861/9f87934c699e9e5bc1256fb8004f3aad?OpenDocument (20.02.2008): 1.

41 Willemsen 8.

Die immense Tragweite, die die Einführung und Legitimierung von Folter für eine demokratische Gesellschaft hat, wird oft noch verkannt. Guantánamo zu legitimieren ist nicht allein ein US-amerikanisches Problem, sondern auch das ihrer Verbündeten. Europäische Regierungen haben die Amerikaner bei den sog. „extraordinary renditions" unterstützt.[42] Unrechtmäßige Inhaftierungen und Folterungen betreffen nicht nur die juristische Diskussion innerhalb der USA, sondern auch die in Europa. Staatsbürger europäischer Nationen mit Migrationshintergrund waren und sind von ihnen betroffen.

Neben der Untersuchung der verschiedenen Argumentationsstrategien der Folterbefürworter und Foltergegner besteht ein Ziel der Arbeit darin, aufzuzeigen, wie sich die politische Instrumentalisierung des Rechtsumfeldes sprachlich auswirkt. Hierbei liegt der Schwerpunkt auf der Folterdefinition. Die für unsere Betrachtungen grundlegenden juristischen Definitionen sind Gegenstand des nächsten Kapitels. Zunächst wird in den juristischen Diskurs und die juristische Rhetorik eingeführt. Anschließend werden die beiden wichtigsten Rechtsphilosophien, das Naturrecht und das positive Recht näher erörtert, um dann auf verschiedene Folterdefinitionen zu sprechen zu kommen.

---

42 Willemsen 15.

II. Definitionen

II.1 Juristische Rhetorik und Juristischer Diskurs

„what could be more basic, more 'laid down,' than the law"[43]

Bevor wir uns der juristischen Rhetorik zuwenden, soll in einem ersten Schritt die Rhetorik als Oberbegriff definiert werden. Aristoteles hat neben seinem Konzept der formalen Logik, in der Form der sog. Syllogismen, auch das Konzept der sog. Enthymeme entwickelt[44]. Diese zeichnen sich dadurch aus, dass sie keine streng logischen Schlussfolgerungen beinhalten, sondern eine Lösungsmöglichkeit unter vielen darstellen.[45] Allein durch dieses Konzept kann man zu ethischen und ästhetischen Urteilen gelangen. Die Aufgabe der Rhetorik besteht, theoretisch gesprochen, darin, eine Möglichkeit unter vielen aufzuzeigen. Corbett schreibt von dem praktischen Nutzen der von Aristoteles entwickelten Enthymeme:

> Aristotle was shrewd enough to see that we use base persuasive arguments not only on what usually or generally happens but also on what people believe to be true ... Every civilization has a body of accepted opinions that influence the conduct of its affairs - a body of 'truths' that have never really been demonstrated but in which people have faith, almost to the point of accepting them as self-evident.[46]

Wie unterscheidet sich nun die spezielle juristische Rhetorik von der allgemeinen Rhetorik? Diese Frage beantwortet James Byd White folgendermaßen:

> [T]hat rhetoric, of which law is a species, is most usually seen not, as it normally is, either as a failed science or as the art of persuasion, but as the central art by which community and culture are established, maintained, and transformed. On this view rhetoric is continuous with law and like it has justice as its ultimate subject.[47]

---

43 Kenneth Burke, *A Grammar of Motives* (New York: Braziller, 1955) 323.

44 Aristoteles 14.

45 James Boyd White, „Rhetoric and Law. The Arts of Cultural and Communal Life," *The Rhetoric of the Human Sciences*, ed. John S. Nelson (Madison: U of Wisconsin P, 1987): 301.

46 Edward P. J.Corbett, *Classical Rhetoric for the Modern Student* (New York: Oxford UP, 1990) 61.

47 White 298.

Diese gemeinschaftsbildende Funktion sollte der erste zu betrachtende Punkt sein. Kenneth Burke, amerikanischer Literaturtheoretiker und Rhetoriker, definiert eine Verfassung als besondere Rechtsform in seinem Konzept von sozialer Interaktion nach fünf Punkten:

> A legal constitution is an *act* or body of acts (or enactments), done by *agents* (such as rulers, magistrates, or other representative persons), and designed (*purpose*) to serve as a motivational ground (*scene*) of subsequent actions, it being thus an instrument (*agency*) for the shaping of human relations.[48]

Recht, wie andere soziale Interaktionen auch, kann man nach Burke mit dem Konzept des „dramatism" erfassen, d. h. genau wie ein fiktionales Theaterstück hat auch das soziale Leben eine Dramaturgie, die mit Ersterem vergleichbar ist. Dies ist eine Möglichkeit, Recht mit Ästhetik zu verbinden.

Dass es in juristischer Rhetorik um „Gerechtigkeit", also um „Moral" geht, scheint einleuchtend, zumindest, wenn man sich auf das naturrechtliche Rechtsverständnis bezieht, auf das im nächsten Kapitel näher eingegangen wird. Wie sieht es nun mit der Verbindung von Recht und Ästhetik aus, die Kenneth Burke beschrieben hat?

Paul Gewitz weist darauf hin, dass sich narrative Elemente grundsätzlich in juristischer Rhetorik befinden:

> The goal of storytelling in law is to persuade an official decision maker that one's story is true, to win the case, and thus to invoke the coercive force of the state on one's behalf.[49]

Die Anschläge vom 11. September lassen sich sowohl als Tragödie, was die Toten angeht sowie als Heldengeschichte, was den Einsatz der Rettungskräfte anbelangt, verwenden und rufen bei der Leserschaft eine sehr emotionale Reaktion hervor. Verfassungsrechtliche Beschlüsse beziehen die politische Geschichte des Landes mit ein, wie LaRue bemerkt: „Constitutional adjudication is always in some measure a story of origins, reaching back to our founding text and ur-myth."[50]

Es gibt einen grundsätzlichen Unterschied zwischen der kritischen Bewertung von fiktionaler Literatur und den juristischen Kommen-

---

48 Burke 34.

49 Paul Gewitz, „Narrative and Rhetoric in the Law," *Laws Stories: Narrative and Rhetoric in the Law*, ed. Peter Brooks (New Haven: Yale UP, 1996) 5.

50 Lewis H. LaRue, *Constitutional Law as Fiction: Narrative in the Rhetoric of Authority* (University Park, Pa.: Pennsylvania State UP, 1995) 21.

taren zu Gesetzen, die Gegenstand der Untersuchung in dieser Arbeit sind:

> They [the judicial opinions] have authority the way no literary critic's interpretation of a primary text can, even if that critic's interpretation becomes the dominant one: they become binding precedents with legal authority.[51]

Nicht nur Gesetze, auch juristische Kommentare nehmen entscheidenden Einfluss auf die Geltung einzelner Rechtssätze. Wie kann man nun die Rhetorik einzelner juristischer Kommentare prägnant beschreiben? „Individual judicial opinions are typically marked by a rhetoric of certainty"[52], wie Paul Gewitz anmerkt. Diese Art von Rhetorik existiert natürlich auch bei anderen literarischen Formen, jedoch stützt sich die juristische Argumentation häufig zusätzlich auf empirische Beweise.

Die Untersuchung von Verbindungen zwischen fiktionaler und juristischer Literatur entspricht dem generellen Konzept der Philosophie der Postmoderne, die die Idee der Objektivität dekonstruiert. Da nach manchen Theorien der Postmoderne keine Wahrheit an sich, also auch keine eindeutige Deutung von Rechtssätzen existiert, wird das narrative Element des Rechts zum bevorzugten Gegenstand der Untersuchung:

> The turn to narrative is a clear offshoot of the further loss of faith in the idea of objective truth and the widespread embrace of ideas about the social construction of reality. Narrative, in other words, is seen as the social construction of reality.[53]

Das Recht als Verschriftlichung von Normen stellt eine Art übergeordnete Instanz zu den wissenschaftlichen Fragen verschiedener Disziplinen dar, auch der Sozialwissenschaften, die menschliches Handeln untersuchen. Wie wirkt nun Recht in einer Gesellschaft? Anna Trosborg schreibt hierzu:

> The function of law is two-fold: regulative and constitutive. Law defines relations and tells us which activities are permitted and which are not; and by means of law, new relations are created where none existed before.[54]

---

51 Gewitz 10.

52 Gewitz 13.

53 Gewitz 13.

54 Anna Trosborg, *Rhetorical Strategies in Legal Language: Discourse Analysis of Statutes and Contracts* (Tübingen: Narr, 1997) 19.

Diese Arbeit behandelt zum einen ein konstituierendes Element von Recht, wenn man die Folterdebatte aus dem Blickwinkel der Aufgabe, Menschenrechte international durchzusetzen, sieht. Auf der anderen Seite steht der regulierende Aspekt von Recht, die Sanktionierung von Folter.

Die Regulierung von menschlichem Verhalten durch Gesetze beschreibt Kenneth Burke so:

> Constitutions are agonistic instruments. They involve an enemy, implicitly or explicitly [...] In all such projects, the attempt is made, by verbal or symbolic means, to establish a motivational fixity of some sort, in opposition to something that is thought liable to endanger this fixity.[55]

Für den amerikanischen Diskurs um die Folter bedeutet dies, dass die Foltergegner Folter sanktioniert wissen möchten, während die Folterbefürworter sich für eine Konstitution eines neuen Rechts, das sich von dem alten Konsens gegen die Folter verabschiedet, aussprechen.

In dieser Arbeit werden juristische Kommentare analysiert, die zwar in ihrer Wichtigkeit Gesetzestexten untergeordnet sind, jedoch ihrerseits Macht durch ihre Bedeutungshoheit ausüben:

> In interpreting the law, the judicial opinion becomes a part of the ongoing articulation of the meaning of laws. It typically interprets other primary texts - a statute or a constitution - but over time the centrality of these other texts can become somewhat effaced by the authoritative texts of judicial opinions themselves.[56]

Dies führt uns zu dem Begriff des juristischen Diskurses. Wie definiert man den Begriff „Diskurs"? Die Definition von Charles W. Anderson erscheint hier sinnvoll:

> [D]iscourse is to be opposed, on the one hand, to collective judgements reached merely through the aggregation of preference, without deliberation or discussion - the method taught by utilitarian economics - and, on the other, to 'demonstration,' in which the worth of statements is tested by explicit criteria and rules of method. To me, 'discourse' connotes an orderly, structured, and extended exchange of ideas, in which both assertions and prospective tests of the worth of assertions are deliberated. In this sense, the idea of

---

55 Burke 357.

56 Gewitz 10.

> discourse would be associated with a pluralist and pragmatist conception of truth and the common good.[57]

In dieser Arbeit geht es folglich nicht nur darum, die Argumente verschiedener Juristen bloß darzustellen, sondern ihre Argumentationsstrategien, die diesen Diskurs regeln, zu untersuchen. Michel Foucault macht darauf aufmerksam, dass die Tabuisierung bestimmter Diskurse in einer Gesellschaft grundsätzlich existiert und klassifiziert sie:

> In einer Gesellschaft wie der unseren kennt man sehr wohl Prozeduren der *Ausschließung*. Die sichtbarste und vertrauteste ist das *Verbot* ... Tabu des Gegenstandes, Ritual der Umstände, bevorzugtes oder ausschließliches Recht des sprechenden Subjektes - dies sind die drei Typen von Verboten, die sich überschneiden, verstärken oder ausgleichen und so einen komplexen Raster bilden, der sich ständig ändert.[58]

Es gibt in der amerikanischen Folterdebatte, wie noch näher zu untersuchen sein wird, sprachliche Prozeduren der Ausschließung. Folter wird in andere Begriffskategorien verpackt und diese Debattenform wurde von Vertretern der US-Regierung angestoßen.

Wenn zunächst alle Seiten des Für und Wider von Folter gleichberechtigt betrachtet werden sollen, so ist es sinnvoll, die Diskursethik von Jürgen Habermas zu diskutieren. Habermas schreibt:

> In der Diskursethik tritt an die Stelle des Kategorischen Imperatives das Verfahren der moralischen Argumentation. Sie stellt den Grundsatz ‚D' auf: - dass nur diejenigen Normen Geltung beanspruchen dürfen, die die Zustimmung aller Betroffenen als Teilnehmer eines praktischen Diskurses finden könnten. Zugleich wird der Kategorische Imperativ zu einem Universalisierungsgrundsatz ‚U' herabgestuft, der in praktischen Diskursen die Rolle einer Argumentationsregel übernimmt.[59]

Die Rolle des Diskurses, geprägt von den Diskursteilnehmern, ist demnach der Rolle der inhaltlichen moralischen Fragestellung übergeordnet. Dem entgegnet Ronald Dworkin, prominenter amerikanischer Rechtsphilosoph, dass es in einer juristischen Debatte auf

---

57 Charles W. Anderson , „The Human Sciences and the Liberal Polity in Rhetorical Relationship," *The Rhetoric of the Human Sciences: Language and Argument in Scholarship and Public Affairs*, ed. John S. Nelson (Madison: U of Wisconsin P, 1987): 355.

58 Foucault 11.

59 Habermas, *Erläuterungen zur Diskursethik* 12.

Wahrheit und nicht auf allgemeine Regeln eines Diskurses ankommt:

> Meine Argumente nehmen an, dass es oft eine einzige richtige Antwort auf komplexe Fragen des Rechts und der persönlichen Moral gibt. Der Einwand besteht in der Entgegnung, dass es manchmal nicht eine einzige richtige Antwort gibt, sondern nur Antworten gibt.[60]

Trotz dekonstruktivistischer literaturwissenschaftlicher Theorien und dem Versuch den Diskurs über das Recht zu stellen, stellt Goodrich jedoch Folgendes fest:

> While the nineteenth and twentieth centuries have witnessed several attacks upon the orthodoxies of legal exegesis and while historical and realistic tendencies within legal studies have to some extent challenged the formalistic assumptions resident within the dominant pedagogy of legal science, the greatest successes of modern jurisprudence have been precisely characterized by the re-assertion of the autonomy of law.[61]

Wie sehr diese Autonomie des Rechts politisch gefährdet ist, und wie die Folterdebatte dies reflektiert, wird noch genauer zu betrachten sein. Mögliche Definitionen von juristischer Rhetorik und juristischem Diskurs wurden aufgezeigt und die Verbindung zwischen Rechts- und Literaturwissenschaft näher erläutert. Als nächsten Schritt soll sich mit den beiden wesentlichen Aspekten der Rechtsphilosophie, dem Naturrecht und dem positiven Recht, beschäftigt werden.

---

60 Dworkin, *Bürgerrechte ernstgenommen* 448.

61 Peter Goodrich, *Legal Discourse: Studies in Linguistics, Rhetoric and Legal Analysis* (Basingstoke: MacMillan Press LTD, 1987) 34.

II.2 Naturrecht und positives Recht

> *„Das Gesetz aber ist teils ein besonderes, teils ein allgemeines. Ein besonderes Gesetz nenne ich das, nach dessen Vorschriften Staaten verwaltet werden, ein allgemeines aber das, was ungeschrieben bei allen Menschen anerkannt zu werden scheint."*[62]

Diese grundsätzliche Feststellung von Aristoteles scheint für unsere folgenden Ausführungen sehr nützlich zu sein. In dieser zentralen Frage juristischer Grundlagenforschung muss sich aufgrund des weiten Forschungsfeldes auf die Diskussion einiger wichtiger Rechtsphilosophen beschränkt werden.

Was sind die Funktionen des Rechts, rechtsphilosophisch gesehen?

> In der allgemeinsten Formulierung ist Recht zunächst ein für jedes politische Gemeinwesen unverzichtbares Organisations- und Herrschaftsinstrument, um das menschliche Zusammenleben zu ordnen, zu steuern und (um-)zu gestalten. Die Aufgabe des Rechts besteht in der sozialen Steuerung und Kontrolle.[63]

Diese Formulierung von Bernd Rüthers ist in erster Linie eine rechtspositive Begründung von Recht ohne Rückgriff auf eine metaphysisch begründete Würde des Menschen, die als pseudowissenschaftlich angesehen wird. Die Verwirklichung menschlicher Grundrechte steht nicht im Mittelpunkt, Recht wird schlicht als nötiges Instrument der Staatsorganisation gesehen. Rechtspositivismus ist laut Ronald Dworkin

> eine Theorie über die notwendigen und hinreichenden Bedingungen für die Wahrheit eines Rechtssatzes. Dies ist die Theorie des Rechtspositivismus, die die These vertritt, dass die Wahrheit von Rechtssätzen in Tatsachen über die Regeln besteht, die von bestimmten gesellschaftlichen Institutionen angenommen wurden, und in sonst nichts.[64]

Es geht dem Rechtspositivismus nicht um die Wahrheit von Rechtssätzen an sich, die Geltung von Normen wird nur auf deren positive Setzung innerhalb des Rechtssystems zurückgeführt. Das Recht soll von außerrechtlichen Prinzipien gereinigt werden.

---

62 Aristoteles 54.

63 Bernd Rüthers, *Rechtstheorie: Begriff, Geltung und Anwendung des Rechts* (München: Beck, 2005) 56.

64 Dworkin. *Bürgerrechte ernstgenommen* 7.

Dies versuchten die berühmten Rechtspositivisten Hans Kelsen und Gustav Radbruch zu erreichen, indem sie Recht und Moral strikt trennten, um damit eine strenge Wissenschaftlichkeit des Rechts zu erreichen.[65] Ein Rückgriff auf die nur metaphysisch zu begründende Würde des Menschen wurde als pseudowissenschaftlich abgetan. Hans Kelsen formulierte ein radikales Programm des Rechtspositivismus. Er wollte

> eine reine, das heißt: von aller politischen Ideologie und allen naturwissenschaftlichen Elementen gereinigte … Rechtstheorie entwickeln [und] die Jurisprudenz … auf die Höhe einer echten Wissenschaft … heben. Es galt, ihre nicht auf Gestaltung, sondern ausschließlich auf Erkenntnis des Rechts gerichteten Tendenzen zu entfalten und deren Ergebnisse dem Ideal aller Wissenschaft und Exaktheit, soweit als möglich anzunähern …[66]

Gustav Radbruch als Positivist wurde in seiner Rechtstheorie durch seine Beschäftigung mit Kant beeinflusst, auch wenn dieser selbst Naturrechtler war. Unter Ausklammerung von Kants Schriften zur Ethik nimmt Radbruch Kants Konzept der reinen Vernunft als Ausgangspunkt für seine Rechtstheorie. Werturteile haben gemäß der Lehre Kants vor der reinen Vernunft keinen Bestand. Ein rein der Moral verpflichtetes Naturrecht wirkt aus der Sicht Radbruchs deshalb problematisch. Dem steht der Naturrechtsgedanke gegenüber:

> Die Naturrechtler lehren also die Begrenztheit des (legitim geltenden) positiven Rechts, und sie leiten solche Grenzen aus überpositiven Prinzipien ab.[67]

Der Naturrechtsbegriff wird hier nicht in seiner engeren Definition verwendet, nämlich, dass dem Naturrecht die Überzeugung, in einer „vernünftigen" Weltordnung zu leben, vorausgeht[68]. Naturrecht entspringt aus der Idee, von der „Natur" des Menschen abgeleitet zu sein, er will der Würde des Menschen gerecht werden. Völkerrecht, das in dieser Arbeit im Folgenden näher beleuchtet wird, basiert auf Naturrecht, da es dem friedlichen Zusammenleben der Völker förderlich sein soll. Menschenrechte, die der Idee des Naturrechts entspringen, sollen durch die Vermeidung von Krieg bzw.

---

65 Klaus Adomeit „Der Rechtspositivismus im Denken von Hans Kelsen und von Gustav Radbruch," *Juristenzeitung* 4 (2003): 162.

66 Kelsen Zit. in: Adomeit 162.

67 Adomeit 162.

68 Reinhold Zippelius, *Rechtsphilosophie: ein Studienbuch* (München: Beck, 2003) 92.

Verrechtlichung von Krieg, sowie durch internationale Formulierung von Menschenrechtsstandards, die von den Nationalstaaten dann intern umgesetzt werden sollen, durchgesetzt werden. Die Idee des heutigen Naturrechts hat zwar ihre Wurzeln in der Antike und im Mittelalter, speist sich jedoch im Wesentlichen aus den Ideen der Aufklärung, wie sie beispielsweise von Rousseau, Locke oder Kant formuliert wurden.[69] Vereinzelte Verträge, die die Staatsgewalt gegenüber dem Staatssubjekt einschränkten, gab es schon in der Antike und im Mittelalter (hier wäre beispielsweise die englische Magna Charta zu nennen), welche als Vorläufer des Menschenrechtskonzeptes gelten. Die politischen Ideen der Aufklärung fanden ihren Ausdruck beispielsweise in der amerikanischen Declaration of Independence von 1776 und der französischen Erklärung der Menschen- und Bürgerrechte von 1789.[70]

Die Menschenrechte als zentrale Idee der Aufklärung gelten als vor- und überstaatliche Rechte, die als vorkonstitutionell angesehen werden und lediglich deklaratorisch anerkannt werden können. Auf den menschrechtlichen Diskurs wird bei der Analyse der Argumentation der Foltergegner noch näher eingegangen. Für den Erfolg des Naturrechts ist laut dem Rechtsphilosophen José Luis L. Aranguren seine Offenheit verantwortlich,

> das Recht offen halten für die ganze Kultur, also für seine metajuristischen Fundamente, für die Gesellschaft, damit eigentlich für die Welt, in Richtung auf ein Weltrecht, für die Geschichte, entgegen einem abstrakten Rationalismus, und besonders für die Zukunft, denn der Gedanke des Naturrechts ist nicht reaktionär, sondern progressiv und vielleicht schon revolutionär, denkt man an die Versuche der politischen Macht, ihre Herrschaft auf ewig festzuhalten.[71]

Um die Diskussion um Naturrecht und positivem Recht bewerten zu können, sind die historischen Erfahrungen, die mit dem Rechtspositivismus gemacht wurden, wichtig. So kommt Klaus Adomeit zu dem Schluss: „Nicht so sehr theoretisch, aber praktisch ist der

---

69 James W. Nickel „Human Rights," *Enyclopedia of Ethics*, Band 2, ed. Lawrence C. Becker und Charlotte B. Becker, Band 1 (Chicago und London, 1992): 561.

70 Michael Krennerich, „Menschenrechte - ein Einstieg," *Handbuch der Menschenrechtsarbeit*, ed. Gabriele M Sierck, et. al., (Online Edition 2006/2007). http://www.fes.de/handbuchmenschenrechte/03-menschenrechte-einstieg.html (20.02.2008).

71 Aranguren Zit. in: Adomeit 165.

Positivismus auf voller Linie gescheitert."[72] Wie kam es dazu? Betrachten wir Radbruchs relativistische Theorie von Recht und Demokratie:

> Die Demokratie lehnt es ab, sich mit einer bestimmten politischen Auffassung zu identifizieren, ist vielmehr bereit, jeder politischen Auffassung, die sich die Mehrheit verschaffen konnte, die Führung im Staat zu überlassen.[73]

Durch den Relativismus des Rechtspositivismus, sich ohne Fragen der Moral zu beachten, der Mehrheit innerhalb einer Demokratie zu beugen, wurde Hitler die Machtergreifung von 1933 erleichtert. Er konnte sie unter Ausnutzung von Scheinlegalität erreichen. Daher kam es zu einem rechtsphilosophischen Umdenken bei Radbruch, nicht jedoch bei Kelsen.

Radbruch prägte 1946 die berühmte sog. Radbruch'sche Formel, hier in der Formulierung von Klaus Adomeit, die nun auch dem Naturrecht ihren angemessenen Rang zusprach: „Wenn der Widerspruch des positiven Gesetzes zur Gerechtigkeit ein unerträgliches Maß erreicht, so habe das Gesetz als ‚unrichtiges Recht' der Gerechtigkeit zu weichen."[74] Nach diesen historischen Erfahrungen steht die Erkenntnis „dass erst Rechtspositivismus und Naturrecht gemeinsam den Problemen der Rechtswissenschaft begegnen können."[75] So sieht das Staatsrecht eine Teilung in das Staatsorganisationsrecht, rechtspositiv begründet, und den Grundrechten, naturrechtlich begründet, vor.

Die häufig vorgenommene Zweiteilung der Rechtstheorie in Naturrecht und positives Recht ist nur eine Variante die Rechtsphilosophie zu gliedern. Dworkin, um ein anderes Beispiel zu nennen, nimmt neben dem Naturrecht und dem positiven Recht eine gesonderte Erwähnung des Utilitarismus vor, der sich weniger auf das Individuum, wie es die Menschenrechte vorsehen, bezieht, sondern auf das Allgemeinwohl.[76] Neben dem Naturrecht und dem positiven Recht gibt es zudem noch die Rechtssoziologie, die einflussreich ist. Jürgen Habermas versucht mit seiner diskursiven Rechtstheorie die Spannung zwischen der Rechtsnorm oder dem Ideal, und der soziologischen Wirklichkeit, einem klassischen Problemfeld der Rechts-

---

72 Adomeit 164.

73 Radbruch Zit. in: Adomeit 163.

74 Adomeit 164.

75 Adomeit 164.

76 Dworkin, *Bürgerrechte ernstgenommen* 8.

philosophie, aufzuheben[77] und begründet so sein Konzept des rechtsstaatlichen Diskurses[78].

Nach diesen grundlegenden rechtsphilosophischen Definitionen kommen wir als nächsten Schritt zu der Definition von Folter.

II.3 Folter

„the rule of law finds its golem"[79]

Folter soll nachfolgend unter drei Gesichtspunkten definiert werden. Grundlegend für unsere Zwecke ist die völkerrechtliche Interpretation, die als Erstes betrachtet werden soll. Als nächsten Schritt wollen wir uns mit der Definition von Folter in den Memoranden der US-Regierung befassen und den Unterschied zwischen dem Begriff Folter zur Oberkategorie Gewalt feststellen, und schließlich herausarbeiten, welche Auswirkungen dieser völkerrechtlich hat.

II.3.1 Völkerrechtliche Definition

Was das geltende Völkerrecht angeht, so sollten wir uns vor Augen führen, dass Folter nach dem Zweiten Weltkrieg im Rahmen des UN-Zivilpaktes von 1966 verboten wurde. Hier der entsprechende Artikel 7 im Wortlaut:

> No one shall be subjected to torture or to cruel, inhuman or degrading treatment or punishment. In particular, no one shall be subjected without his free consent to medical or scientific experimentation.[80]

Folter ist nicht nur nach dem Internationalen Pakt über bürgerliche und politische Rechte von 1966, sondern auch nach der Antifolterkonvention von 1984 verboten. Eine Verdammung der Folter erfolgte schon 1948 mit der Allgemeinen Erklärung der Menschenrechte.[81]

---

77 Detlef Horster, *Jürgen Habermas zur Einführung* (Hamburg Junius Verlag, 1999) 96.

78 Habermas, *Faktizität und Geltung* 151.

79 Karen J. Greenberg, „The Rule of Law Finds its Golem: Judicial Torture Then and Now," *The Torture Debate in America*, ed. Karen J. Greenberg (Cambridge: Cambridge UP, 2006) 1.

80 United Nations Organisation, *International Covenant on Civil and Political Rights* Article 7.

81 United Nations Organisation, *Universal Declaration of Human Rights* Article 5.

Sie ist jedoch im Gegensatz zu den oben beschriebenen Pakten rechtlich nicht bindend, da sie einen rein deklaratorischen Charakter hat. Die einzelnen menschenrechtlichen Pakte der UN sind jedoch aus deren Geist abgeleitet. Die Allgemeine Erklärung der Menschenrechte steht nach ihrem Selbstverständnis hierarchisch über der gesamten Arbeit der UN.

Das Folterverbot der Genfer Konventionen findet sich in Artikel 13 und Artikel 14. Diese Artikel werden hier ausführlich wiedergegeben, weil sich in den folgenden Kapiteln auf sie bezogen wird.

> Prisoners of war must at all times be humanely treated. Any unlawful act or omission by the Detaining Power causing death or seriously endangering the health of a prisoner of war in its custody is prohibited, and will be regarded as a serious breach of the present Convention. In particular, no prisoner of war may be subjected to physical mutilation or to medical or scientific experiments of any kind which are not justified by the medical, dental or hospital treatment of the prisoner concerned and carried out in his interest. Likewise, prisoners of war must at all times be protected, particularly against acts of violence or intimidation and against insults and public curiosity.[82]
>
> No physical or mental torture, nor any other form of coercion, may be inflicted on prisoners of war to secure from them information of any kind whatever. Prisoners of war who refuse to answer may not be threatened, insulted, or exposed to any unpleasant or disadvantageous treatment of any kind. Prisoners of war who, owing to their physical or mental condition, are unable to state their identity, shall be handed over to the medical service. The identity of such prisoners shall be established by all possible means, subject to the provisions of the preceding paragraph. The questioning of prisoners of war shall be carried out in a language which they understand.[83]

---

82 United Nations Organisation, *Geneva Convention Relative to the Treatment of Prisoners of War* Article 13.

83 United Nationas Organisation, *Geneva Convention relative to the Treatment of Prisoners of War* Article 17.

II.3.2 Folterdefinition der Memoranden der US-Regierung

Es gibt eine Vielzahl von Memoranden, die sich mit der Vorgehensweise im „Krieg gegen den Terror" befassen. Eine gute Zusammenstellung präsentiert Karen J. Greenberg in *The Torture Papers*[84] oder Mark Danner in *Torture and Truth*.[85] Um Terroristen der Al-Quaida verschärften Verhörmaßnahmen aussetzen zu können, musste ihnen zunächst der Kriegsgefangenenstatus gemäß den Genfer Konventionen genommen werden, der sie völkerrechtlich schützte.

Dies geschah in einem Memorandum mit dem Titel *Application of Treatise and Laws to al Quaida and Taliban Detainees* vom 9. Januar 2002, verfasst von John Yoo und Robert Delahunty.[86] Auf die Erörterung der möglichen Ungültigkeit der Genfer Konventionen im „Krieg gegen den Terror" wird in dem Kapitel *Die Einschätzung der Foltermemoranden der US-Regierung und der Foltervorkommnisse von Abu Ghraib* näher eingegegangen. Hier soll sich zunächst auf die Folterdefinitionen des US-Justizministeriums konzentriert werden. Zentral für die amerikanische Folterdebatte ist das zur zweifelhaften Berühmtheit gelangte sog. Foltermemorandum vom 1. August 2002, verfasst von Jay Bybee. Bybee analysiert die von den USA unterschriebene UN-Antifolterkonvention, insbesondere den Schmerzgrad, den Folter beinhaltet. Zunächst soll der erste Artikel der Konvention im Wortlaut dargestellt werden:

> 1. For the purposes of this Convention, the term "torture" means any act by which severe pain or suffering, whether physical or mental, is intentionally inflicted on a person for such purposes as obtaining from him or a third person information or a confession, punishing him for an act he or a third person has committed or is suspected of having committed, or intimidating or coercing him or a third person, or for any reason based on discrimination of any kind, when such pain or suffering is inflicted by or at the instigation of or with the consent or acquiescence of a public official or other person acting in an official capacity. It does not include pain or suffering arising only from, inherent in or incidental to lawful sanctions.[87]

---

84 Greenberg, *The Torture Papers.*

85 Danner.

86 Yoo und Delahunty 38-80.

87 United Nations Organisation, *Convention against Torture and Other Cruel, Inhuman or Degrading Treatment or Punishment* Artikel 1.

Bei der Interpretation dieses Artikels, der, wie Bybee schreibt, den Begriff "severe" nicht näher definiert, kommt Bybee nun zu folgendem Schluss:

> that ‚severe pain' as used in Section 2340, must rise to a [...] level that would ordinarily be associated with a sufficiently serious physical condition or injury such as death, organ failure, or serious impairment of body functions - in order to constitute torture.[88]

In seiner Zusammenfassung über das Wesen des Folterbegriffs, wie die USA ihn begreifen, definiert er Folter folgendermaßen:

> Each component of the definition emphasizes that torture is not the mere infliction of pain or suffering on another, but is instead a step well removed. The victim must experience intense pain or suffering of the kind that is equivalent to the pain that would be associated with serious physical injury so severe that death, organ failure, or permanent damage resulting in a loss of significant body function will likely result. If that pain or suffering is psychological, that suffering must result from one of the acts set forth in the statute. In addition, these acts must cause long-term mental harm.[89]

Dieser Abschnitt des Memorandums wurde wiederum ausführlich wiedergegeben, da er den zentralen Bezugspunkt der US-Justizkörperschaft in der Bewertung von Folter einnimmt. Nach dem Skandal von Abu Ghraib veröffentlichte das OLC am 30. Dezember 2004 ein weiteres Memorandum, diesmal verfasst von Daniel Levin. Dass unter anderem die Debatte um den Abu Ghraib-Skandal ein Grund für seine Veröffentlichung sein könnte, macht folgende Klarstellung direkt zu Beginn des Memorandums deutlich: „Torture is abhorrent to American law and values and to international norms."[90] Dies war jedoch nur die offizielle Version des Justizministeriums, wie der New York Times vom 4. Oktober 2007 zu entnehmen ist,[91] wonach im Februar 2005 intern die schärfsten jemals von der CIA benutzten Verhörmaßnahmen angeordnet wurden.

---

88 Bybee 321.

89 Bybee 328.

90 Daniel Levin, "Memo Re:Legal Standards Applicable Under 18 U.S.C. §§ Sec. 2340-2340A, December 30, 2004," *The Torture Debate in America*, ed. Karen J. Greenberg (Cambridge: Cambridge UP, 2006) 361.

91 The New York Times, "Secret U.S. Endorsement of Severe Interrogations," *The New York Times* (4. Oktober 2007). htp://www.nytimes.com/2007/10/04/washington/04interrogate.html?_r=1&ex=1192161600&en=0a8e2695f9fdc6a9&ei=5070&emc=eta1&oref=slogin (20.02.2008).

II.3.3 Folter und Gewalt - ein Begriffsvergleich

Wenn man Folter klassifiziert, ist es gleichermaßen sinnvoll, Gewalt, als einen der Folter übergeordneten Begriff zu definieren, gemäß der Zielsetzung klassischer Rhetorik:

> We put the 'thing to be defined' (the *definiendum*) into a *genus* or general class and then give the *differentiae* or the specific differences that distinguish this thing from every other thing comprehended in the same general class.[92]

Hier scheint die Gewaltdefinition der World Health Organisation verlässlich:

> The intentional use of physical force or power, threatened or actual, against oneself, another person, or against a group or community, that either results or has a high likelihood of resulting in injury, death, psychological harm, maldevelopment or deprivation.[93]

In Bezug auf die oben genannte Gewaltdefinition sieht die Psychologin Bichescu Folter als eine Form organisierter Gewalt:

> I consider the concept of "organized violence" as being most appropriate to designate this phenomenon, since it captures the fundamental feature of those committing the violent acts, namely a certain degree of organization in order to achieve their social, political or economical aims. It has been emphasized that organized violence has a completely different nature from other types of violence.[94]

Im Gegensatz zu körperlicher Gewalt zwischen zwei Zivilpersonen geht es bei staatlicher Folter um ein System, dem sich der Gefolterte gegenübersieht, wobei er noch viel größerer Machtlosigkeit, als bei körperlicher Gewalt allgemein, ausgeliefert ist. Diese Folterdefinition steht im völligen Einklang mit dem Text der UN-Folterkonvention, der besagt, dass bei einer Folter die verursachten Schmerzen von einem Angehörigen des öffentlichen Dienstes verursacht

---

92 Corbett 39.

93 World Health Organisation, World Report on Violence and Health: Summary 2002 (Geneva: World Health Organisation, 2002) http://www.who.int/violence_injury_prevention/violence_world_report/en/summary_en.pdf (20.02.2008).

94 Dana Maria Bischescu, Long-Term Consequences of Political Detention and of Torture in Aged Victims: A Clinical and Psychophysiological Assessment and Treatment Study on a Romanian Sample (Diss Konstanz U, 2006) http://www.ub.uni-konstanz.de/kops/volltexte/2006/1974/ (20.02.2008) 8-9.

werden müssen.[95] Wie Bichescu aufzeigt, kann Folter nicht nur drastische Folgen für das gefolterte Individuum, sondern für die ganze Gesellschaft haben, in der es lebt:

> The oneness of organized violence begins with its intentions and methods and ends with its direct and long-term consequences on affected people and probably even the following generations, as some studies have suggested (Yehuda & al, 1997). In this respect, organized violence is associated with high rates of mortality and increased costs for health care systems worldwide, police investigations, humanitarian help, prevention, etc.[96]

Die systematische Anwendung von Folter kann für die betreffende Gesellschaft, wie, im Falle der CIA-Folter, z. B. im Irak oder in Afghanistan, die beide zusätzlich durch Kriegsgewalt gezeichnet sind, gewaltige soziale Probleme durch traumatische Erfahrung mit organisierter Gewalt hervorrufen. Natürlich sind die Übergänge von üblicher Körperverletzung und Folter fließend: „how much suffering, and over what duration, turns the infliction of violence into torture?"[97] Deshalb erscheint die psychologische Definition von Bischescu „organized violence" hier für die Vorstellung vom Wesen der Folter sehr praktikabel. Die Folterbefürworter machen sich diese Grauzone der Unterkategorie Folter, im Verhältnis zum Oberbegriff Gewalt, für ihre Argumentation zunutze, wie im nächsten Kapitel zu sehen ist. Jedoch sollte dazu abschließend in Erinnerung gerufen werden, dass das Völkerrecht nicht nur die Folter, sondern auch andere Formen von Gewalt verbietet:

> Schmerzzufügungen, die in ihrer Intensität nicht das erforderliche Ausmaß des Folterbegriffs erreichen, fallen unter den Begriff der unmenschlichen, grausamen oder erniedrigenden Behandlung oder Strafe. Beides ist nach geltendem Völkerrecht [...] gleichermaßen verboten.[98]

Artikel 16 der Antifolterkonvention ist hier die Rechtsgrundlage.[99] Hinsichtlich der amerikanischen Folterdebatte bedeutet dies, dass körperliche Gewalt bei CIA-Verhören, ob sie nun die Grenze zur

---

95 Amnesty International, *Nein zur Folter. Ja zum Rechtsstaat* 2.

96 Bischescu 9.

97 R. G. Frey, „Torture," *Encyclopedia of Ethics,* Band 2, ed. Lawrence C. Becker und Charlotte B. Becker (Chicago und London, 1992) 1253.

98 Amnesty International, *Nein zur Folter. Ja zum Rechtsstaat* 2.

99 United Nations Organisation, *Convention against Torture and Other Cruel, Inhuman or Degrading Treatment or Punishment* Article 16.

Folter überschreitet oder nicht, nach völkerrechtlichem Verständnis eine strafbare Handlung ist. „Bereits die Androhung von Folter ist verboten."[100] Wenn Folterbefürworter eine Trennlinie ziehen zwischen Folter und bloßer Misshandlung, bei der, ihrer Argumentation folgend, ein geringeres Maß an Gewalt angewendet würde, sollte der Sinn solcher Unterscheidungen hinterfragt werden. Georg Wagenländer schreibt hierzu:

> Da aber auch Schmerzzufügungen unterhalb der Schwelle von Folter als erniedrigende und unmenschliche Behandlung von den entsprechenden völkerrechtlichen Normen untersagt werden, kommt es für eine völkerrechtliche Beurteilung letztlich nicht darauf an, ob die Gewaltanwendung zum Zwecke der Informationsgewinnung im Einzelfall die Anforderungen, die an den Begriff der Folter zu stellen sind, erfüllt.[101]

Das amerikanischen Konzept des „ticking bomb", nach dem ein terroristischer Anschlag hypothetisch durch die Folterung eines gefassten mutmaßlichen Terroristen verhindert werden könnte, entspricht dem deutschen Konzept der sog. „Rettungsfolter". Dieser Ausgangsfall wird im Kapitel *Die Folterdebatte und das naturrechtliche Rechtsverständnis – der „ticking bomb"-Fall* behandelt.

> [Der] Begriff der Rettungsfolter hat sich im rechtswissenschaftlichen Schrifttum eingebürgert als Bezeichnung für Fälle der zwangsweisen Herbeiführung einer Aussage auf dem Gebiet der Gefahrenabwehr. Dieser Begriff soll die Gewaltanwendung zu Präventionszwecken abgrenzen vom historischen Folterbegriff, der spezifisch nur die Geständniserzwingung zum Zwecke der Verurteilung als Folter qualifizierte. Seit dem 20. Jahrhundert hat sich der Folterbegriff allerdings von seiner spezifisch strafverfahrensbezogenen Funktion gelöst. Er umfasst mittlerweile – wie sich etwa aus Art 1. Abs 1 UN-Folterübereinkommen ergibt – auch die Gewaltanwendung als Mittel zur Herbeiführung einer nicht strafverfahrensbezogenen Aussage. Teilweise wird sogar noch darüber hinausgehend im Sinne eines objektiven Folterbegriffs auf jegliche Zweckbezogenheit der Schmerzzufügung verzichtet, sodass es auf ein Motiv des Folterers gar nicht mehr ankommt.[102]

---

100 Amnesty International, *Nein zur Folter. Ja zum Rechtsstaat* 2.

101 Wagenländer 26.

102 Wagenländer 25.

Diese Definition führt vor Augen, dass es die Unterscheidung zwischen dem historischen Folterbegriff, dem es bei der Anwendung von Folter um eine Geständniserzwingung geht, um zu einer Verurteilung zu gelangen, und dem Konzept der sogenannten Rettungsfolter, bei der die Gefahrenabwehr im Vordergrund steht, zwar moralisch einen Unterschied macht, strafrechtlich jedoch unerheblich ist. Diese Folterdefinitionen sind entscheidend und zentral in dieser Arbeit, um sich den Diskursstrategien der Folterbefürworter zuwenden zu können.

III. Diskursstrategien der Folterbefürworter

> *„Perhaps what is remarkable is not that torture is used, but that it is being defended"*[103]

Bei der Untersuchung der Diskursstrategien der Folterbefürworter ist eine Unterteilung in politische Rhetorik und patriotische Rhetorik sinnvoll. Politische Rhetorik wird hier so verstanden, dass sie primär nationalem Sicherheitsdenken verpflichtet ist, während sich patriotische Rhetorik um eine Abgrenzung gegenüber fremden Kulturen bemüht.

III.1 Politische Rhetorik oder Rhetorik der Macht

Bei dieser Rhetorik liegt die Priorität auf dem Sicherheitsdenken bzw. auf der nationalen Selbsterhaltung. Die Rhetorik der Folterbefürworter ist daher üblicherweise in der konservativen amerikanischen Presse zu finden. Die Kritik an Folterungen wies beispielsweise das *Wall Street Journal* als Versuch den Irakkrieg zu diskreditieren zurück, wie Lila Rajiva schreibt. Eine Verunglimpfung der Politik des Präsidenten, ein Versuch, seine Macht zu schmälern, wurde den Folterkritikern vorgeworfen.[104]

Um nationale Selbsterhaltung und Sicherung der politischen Macht geht es auch Alan M. Dershowitz, der allerdings nicht dem konservativen Lager angehört. Dershowitz hat mit seinem Buch *Why Terrorism Works,* das 2002[105] als einer der ersten Argumentationen für die Folter im Rechtsstaat aufgrund der Anschläge des 11. September erschienen ist, einen zentralen Beitrag zur amerikanischen Folterdebatte verfasst. Sein Plädoyer für die Folter bringt er zusammen mit verschiedenen Vorschlägen zur Terrorbekämpfung vor. Er selbst sieht sich als Linksliberaler, der aufgrund einer veränderten weltpolitischen Situation nach neuen Wegen sucht:

> The new paradigm – terrorist groups capable of wreaking havoc of the kind that only states could previously inflict,

---

103 Jeremy Waldron, Torture and Positive Law: Jurisprudence for the White House (11. April 2005) http://www.columbia.edu/cu/law/fed-soc/otherfiles/waldron.pdf (20.02.2008) 4.

104 Lila Rajiva, *The Language of Empire: Abu Ghraib and the American Media* (New York: Monthly Review Press, 2005) 22.

105 Dershowitz, *Why Terrorism Works.*

> but without the accountability of states - requires civil libertarians to rethink our exclusive focus on state action.[106]

Er stellt sich als pragmatischen Realisten dar und dies spiegelt sich auch in seinem Argumentationsstil wider.

Wie bei allen Strategien der Bekämpfung des internationalen Terrorismus sucht auch er nach dem angemessenen Gleichgewicht zwischen Sicherheit und Freiheit.[107] Einen Grund für das Erstarken eines islamistischen Terrorismus sieht er als Ergebnis einer unzureichenden Diffamierung und sogar Förderung terroristischer Handlungen durch die internationale Gemeinschaft:

> The international community - primarily the European governments and the United Nations, but also, at times, our own government - made it all inevitable that we would experience a horrendous day like September 11, 2001.[108]

Er benutzt eine bewusst sehr zugespitzt gewählte Argumentation. Dershowitz' Kritik an den Reaktionen der internationalen Gesellschaft auf den Terrorismus weltweit kann unterschwellig auch als eine Ablehnung der Bedeutung von internationalem Recht gedeutet werden. Bevor er eigene Vorschläge vorbringt, wie eine Demokratie internationalen Terrorismus bekämpfen könne, spielt Dershowitz in dem Kapitel *How an Amoral Society Could Fight Terrorism*[109] zwei Systeme gegeneinander aus: eine moralisch legitimierte Demokratie und eine tyrannische Diktatur, wobei er der Letzteren generell eine größere Effektivität bei der Terrorismusbekämpfung zuschreibt.[110]

Er zitiert historische Begebenheiten, wie die Vorgehensweise Hitlers oder Stalins gegen gewalttätige politische Gegner. Diese Vorgehensweisen seien natürlich moralisch problematisch gewesen, ihn interessiert hier in erster Linie jedoch der praktische Erfolg der Mittel einer Diktatur bei der Bekämpfung von Terrorismus. Er möchte mit diesem Vergleich herausarbeiten, dass sich Demokratien in ihrer Terrorismusbekämpfung um Effektivität innerhalb eines ethischen Rahmens der Bürgerrechte bemühen sollten. Jedoch ist seine Orientierung an sog. „amoralischen" Staaten sehr problematisch. Konsequent weitergedacht hieße dies, dass der Rechtsstaat in seinem Wesen Züge einer Diktatur übernehmen sollte, was ihn schließlich

---

106 Dershowitz, *Why Terrorism Works* 11.

107 Dershowitz 3.

108 Dershowitz 2.

109 Dershowitz 105-131.

110 Dershowitz 106-107.

selbst infrage stellen könnte. Foltergegnern wirft Dershowitz eine intellektuelle Vermeidungsstrategie vor. Er schreibt:

> Most civilized people do not even want to think about torture as a matter of degree. Torture is torture, and it is an unspeakable evil, regardless of its specific nature or precise degree.[111]

Die Behandlung von Folter als Tabuthema sieht er als nicht angemessen an und verweist auf die Komplexität des Begriffs:

> Yet the word ‚torture' has no precise meaning. It can range from the most unmitigated cruelty as a prelude to death to the most antiseptic, nonlethal, and even nonphysical mind games that police play with suspects.[112]

Auf die psychologische Komponente der Folter, das Nichtwissen des Gefolterten über die Frage, wie weit der Folterer mit seiner körperlichen Gewalt gehen wird, ob die Folter zu schweren körperlichen Schädigungen oder sogar dem Tod führen wird, geht Dershowitz nicht ein.

Dershowitz macht deutlich, warum er es als gerechtfertigt erachtet, innerhalb der jetzigen politischen Situation in Bezug auf die Folterfrage umzudenken, indem er die „Außergewöhnlichkeit" des internationalen Terrorismus betont: „Among the principal differences between the current war against terrorism and more conventional wars is that this war may never end."[113] Dershowitz begründet dies damit, dass es, im Gegensatz zu einem Krieg zwischen Nationalstaaten, bei einem Krieg eines Staates gegen ein Terrornetzwerk zu keinen endgültigen Friedensschlüssen kommen kann, da ein Terrornetzwerk eine andere Organisationsstruktur hat als ein Nationalstaat. Folter kann seiner Meinung nach legitimiert werden, da in einer Demokratie die Freiheit bestehe zwischen verschiedenen politischen Maßnahmen zu wählen, auch wenn dies eine Wahl des geringeren Übels bedeute:

> It is the essence of democracy that we always have a choice, and we have appropriate institutional mechanisms for making choices, even - perhaps especially - choices among evils.[114]

---

111 Dershowitz 124.

112 Dershowitz 124.

113 Dershowitz 6.

114 Dershowitz 134.

Dershowitz diskutiert die Fragen des internationalen Terrorismus meist am Beispiel des Konflikts von Israel mit palästinensischen Terroristen, der zwar zur Analyse des globalen islamistischen Terrorismus wichtig ist, bei Dershowitz jedoch dazu führt, dass er die Hintergründe der vielen zahlreichen anderen Konflikte zwischen Staaten und Terroristen rund um den Globus weitgehend außer Acht lässt, die für die Erörterung von wirksamen rechtsstaatlichen Mitteln zur Bekämpfung des Terrorismus zentral wären. Was die Folter im Rechtsstaat angeht, so konstruiert Dershowitz eine Art tragisches Dilemma: „The tragic reality is that torture sometimes works, much though many people wish it did not."[115] Ähnlich wie MacDonald, wie im zweiten Teil dieses Kapitels analysiert werden wird, unterscheidet Dershowitz zwischen der Realität, die tragische Entscheidungen verlangt und einer idealen Wunschvorstellung von Mitteln, die der Rechtsstaat anwenden darf. Er stützt seine Argumentation auf Indizien, dass Folter unter bestimmten Umständen effektiv sei:

> It is impossible to avoid the difficult moral dilemma of choosing among evils by denying the empirical reality that torture sometimes works, even if it does not always work. No technique of crime prevention always works.[116]

Als Beispiel führt er die Verhinderung von Terroranschlägen durch philippinische Autoritäten an, die als Druckmittel Folter verwendeten, um an Informationen zu gelangen.

Dershowitz erwähnt, dass Folter trotz des völkerrechtlichen Folterverbotes weltweit praktiziert wird.

> It is precisely because torture sometimes does work and can sometimes prevent major disasters that it still exists in many parts of the world and has been totally eliminated by none.[117]

Diese in der Rechtsphilosophie ausgearbeitete Unterscheidung zwischen Norm und Wirklichkeit dient ihm als Argument für die Anwendung von Folter, auch vonseiten der USA, um eine Art reziproke Gerechtigkeit herzustellen. Wenn andere Länder foltern dürfen, so dürfe Amerika dies auch.

Dershowitz schlägt für zukünftige Fälle eine Art von Folter zur Wahrheitsfindung vor, die nicht lebensbedrohend, aber trotzdem sehr schmerzlich ist:

---

115 Dershowitz 137.

116 Dershowitz 137.

117 Dershowitz 138.

> [T]he use of nonlethal torture - say, a sterilized needle inserted under the fingernails to produce unbearable pain without any threat to health or life, or the method used in the film Marathon Man, a dental thrill through an unanesthetized tooth.[118]

Ihm ist wichtig, dass diese Foltermethoden durch sog. „torture warrants" juristisch abgesichert sind.[119]

Dershowitz scheint utilitaristisch zu argumentieren, indem er im Wesentlichen vom Allgemeinwohl und nicht von individuellen Menschenrechten spricht, wenn er sagt, dass er durch vom Rechtsstaat eingeschränkte Foltermethoden die Bürgerrechte maximieren möchte:

> Its goal was, and remains, to reduce the use of torture to the smallest amount and degree possible, while creating public accountability for its rare use. I saw it not as a compromise with civil liberties but rather as an effort to maximize civil liberties in the face of a realistic likelihood that torture would, in fact, take place below the radar screen of accountability.[120]

Wichtig an dem Konzept von Dershowitz ist, dass er sich zwar gegen rechtsfreie Räume, aber für eine Verrechtlichung von Folter ausspricht, die beschränkt angewendet und für die Öffentlichkeit überprüfbar sein soll. Folter, als mögliches Mittel zur Informationsgewinnung, ist die zentrale Diskussion des amerikanischen Folterdiskurses, ohne die sich diese Debatte erledigt hätte. Das generelle Problem der Wahrheitsfindung mithilfe von Aussagen entstanden durch Folter wird im Vergleichskapitel der Folterbefürworter und Foltergegner noch näher erörtert, ebenso wie das von Alan Dershowitz diskutierte spannende moralische Problem des sog. „ticking bomb"-Falles. In diesem Kapitel sollte sich auf die Argumentation der nationalen Selbsterhaltung beschränkt werden.

Dershowitz fordert letztendlich, dass der internationale Terrorismus nur dann bekämpft werden kann, wenn er in der Öffentlichkeit zum Tabuthema erklärt wird. Diese Forderung ist jedoch in einem demokratischen Diskurs problematisch.

> The real issue, therefore, is not whether some torture would or would not be used in the ticking bomb-case - it would. The question is whether it would be done openly, pursuant

---

118 Dershowitz 144.

119 Dershowitz 156.

120 Dershowitz 141.

> to a previously established legal procedure, or whether it would be done secretly in violation of existing law.[121]

Alan Dershowitz verschiebt die Parameter im Diskurs über die Folter. Seiner Argumentation zu Folge stellt sich innerhalb der Folterdebatte nicht mehr die Frage, ob Folter in der Terrorismusbekämpfung prinzipiell angewendet werden sollte oder nicht, sondern richtet das Augenmerk nur noch auf die rechtstaatlich reglementierten Umstände, unter denen Folter eingesetzt werden darf.

Wichtig ist seine Feststellung, wie bedeutsam der Folterdiskurs innerhalb der USA für die restliche Welt ist, besonders was internationales Recht angeht:

> When Israel takes an action, such as publicly acknowledging that it may be proper to administer nonlethal torture in the ticking bomb case, that action does not immediately become a precedent for other nations [...] Were the United States, on the other hand, to declare intentions to allow nonlethal torture in the ticking bomb case, that declaration would effectively change international law, since our actions help define the law. Accordingly, the stakes are far higher in the debate now taking place in this country.[122]

Neben der jetzt schon praktizierten Folter durch die USA würde deren rechtliche Legitimation den schon geschehenen Dammbruch noch vergrößern.

Andrew McCarthys Argumentation lehnt sich deutlich an die Argumentation von Dershowitz an, was allein schon der Titel *Thinking the Unthinkable* seines Beitrages deutlich macht, der aus Dershowitz' Veröffentlichung *Why Terrorism Works* entnommen ist.[123] Zunächst stellt er fest, dass Folter nach jetzigen Gesetzen verboten sei,[124] spricht sich dann jedoch für eine Änderung des Rechts in Bezug auf Folter aus. Gemäß der Argumentation von Alan Dershowitz, man müsse beim sicherheitspolitischen Denken zwischen Wunschvorstellung und Realität unterscheiden,[125] kommt McCarthy zu folgendem Programm:

---

121 Dershowitz 151.

122 Dershowitz 142.

123 Dershowitz 13.

124 Andrew C. McCarthy, „Torture: Thinking About the Unthinkable," *The Torture Debate in Amerika*, ed. Karen Greenberg (Cambridge: Cambridge UP) 104.

125 McCarthy 107.

> I have proposed the establishment of a national security court, structured along the lines of the current Foreign Intelligence Surveillance Court [...] It would monitor the detention of terrorist captives and it would conduct trials of terrorists whom the government elected to charge under special rules that would apply only in national security cases. This would replace the current paradigm in which the enlightened procedures of our criminal justice system, designed to protect Americans accused of crimes and presumed innocent until proved otherwise, has been warped as we strain to apply them to terrorists in whose hands those same procedures imperil public safety. [...] With torture strictly limited to national security matter, and unavoidably involving highly classified information about terrorist networks, the new national security court would be the place to consider, and monitor the execution of, torture warrants.[126]

Die rechtsstaatlichen Probleme in diesem Modell sind offensichtlich. Die Unschuldsvermutung für Angeklagte wäre nicht gegeben. Sie könnten immer noch auf eine unbegrenzte Zeit hin interniert werden. Des Weiteren ist bei Prozessen kaum die Kontrolle durch die Öffentlichkeit gegeben. Da zum Inhalt der Prozesse geheimdienstliche Informationen gehören, finden die Verhandlungen unter Ausschluss der Öffentlichkeit statt. Allein die Schaffung von Gerichten abseits normaler Strafverfolgung in den USA („the enlightened procedures of our criminal justice system"[127]) spricht schon für eine Ablehnung des Rechtsstaatskonzepts bei der Verfolgung mutmaßlicher Terroristen.

In McCarthys Argumentation für die Folter im Rahmen des „Kriegs gegen den Terror" stellt folgende Aussage einen zentralen Punkt dar:

> the key question -namely, what are and what are not, appropriate methods of interrogation? Appropriate, that is according to American values and not the values of humanity's basest elements.[128]

McCarthys Unterscheidung zwischen amerikanischen Werten und denen der Menschheit insgesamt ist sehr heikel und fragwürdig. In seiner neueren Veröffentlichung *America on Trial* von 2004 beschreibt Dershowitz in ähnlicher Weise, dass internationales Recht

126 McCarthy 109.

127 McCarthy 109.

128 McCarthy 98.

gegenüber den neuen Kriegsformen unzeitgemäß erscheint.[129] In seinem Werk attestiert er dem Supreme Court in Terrorismusfragen eine patriotische Denkweise:

> The Supreme Court will almost certainly decide that an American citizen has greater access to our courts than a total stranger whose only connection to America is to inflict harm on its national interest.[130]

Dass diese patriotische Auffassung von Recht mit dem Universalitätsprinzip der menschenrechtlichen Rechtsauffassung kollidiert, ist selbsterklärend. Die patriotische Rhetorik und ihre Beziehung zum kulturell Fremden bedürfen einer genaueren Untersuchung.

III.2 Die Patriotische Rhetorik und das kulturell Fremde

Nationale Identitätsbildung bedeutet ein Sichabgrenzen zu anderen Kulturen. In dem Fall der amerikanischen Folterdebatte besagt dies eine Abgrenzung zum islamischen Kulturkreis. Übliche amerikanische patriotische Rhetorik geht von der „Außergewöhnlichkeit" der amerikanischen Nation aus. Dieser Annahme steht diametral die Annahme gegenüber, dass im „Krieg gegen den Terror" ein Kampf gegen die „Außergewöhnlichkeit" des islamistischen Terrorismus stattfindet. So formulieren politische Repräsentanten die gegenwärtige Situation. Wieso ist der islamistische Terrorismus außergewöhnlich? Die Antwort erscheint einfach: weil er die Annahme amerikanischer Unangreifbarkeit auf eigenem Boden und damit auch die Außergewöhnlichkeit der amerikanischen Nation infrage gestellt hat. Das macht die Abwertung des islamischen Kulturkreises, zumindest in Teilen, notwendig. Ein Beispiel hierfür ist der Artikel *How to Interrogate Terrorists*[131] von Heather MacDonald. Ihre Erörterung ähnelt sehr folgendem Absatz aus dem Memorandum *Application of Treaties and Laws to al Quaida and Taliban Detainees* vom 9. Januar 2002:

> Al Quaida members have clearly demonstrated that they will not follow these basic requirements of lawful warfare. They have attacked purely civilian targets of no military

---

129 Alan M. Dershowitz, *America on Trial: Inside the Legal Battles That Transformed Our Nation (New York: Warner Books, 2004)* 564.

130 Dershowitz 564.

131 Heather MacDonald, "How to Interrogate Terrorists," The Torture Debate in America, ed. Karen J. Greenberg (Cambridge: Cambridge UP, 2006) 84-97.

> value; they refused to wear uniform or insignia or carry arms openly, but instead hijacked civilian airliners, took hostages, and killed them; they have deliberately targeted and killed thousands of civilians; and they themselves do not obey the laws of war concerning the protection of the lives of civilians or the means of legitimate combat.[132]

Heather MacDonald präsentiert sich selbst in ihrer im polemischen Stil geschriebenen Argumentation nicht direkt als Folterbefürworterin, sie benutzt den Euphemismus „stress techniques"[133] und versucht damit die Foltervorwürfe von Abu Ghraib und Guantánamo zu entkräften, indem sie die verwendeten Verhörmethoden nur in Grenzfällen als Folter, klassifiziert.

Das häufig verwendete Argument der Folterbefürworter, man müsste foltern, um der „Außergewöhnlichkeit" des islamistischen Terrors Rechnung zu tragen, nimmt auch Heather MacDonald als Ausgangspunkt für ihren Artikel. Sie schreibt: "The enemy is unlike any the military has encountered in the past"[134]. Sie zitiert CIA-Mitarbeiter und beschreibt deren Erlebnisse bei Verhören mit gefangenen Al Quaida-Terroristen. Die Verhörtechniken der CIA, bei denen auch Folter in Kauf genommen wurde, werden von MacDonald als aus der Not heraus geboren, dargestellt. Sie argumentiert, dass die CIA hätte feststellen müssen, dass sie es mit keinen gewöhnlichen Kriegsgefangenen zu tun hatte. Die Gefangenen hätten ein besonderes Widerstandstraining bei der Al Quaida unterlaufen und würden keinen Respekt vor gewöhnlichen amerikanischen Verhörmethoden zeigen.

Die Bereitschaft der Al Quaida-Terroristen sich durch Selbstmordanschläge selbst zu opfern, definiert nach MacDonald ihre Andersartigkeit. Sie zitiert ein CIA-Mitglied, das die amerikanische Operation von 1989 in Panama mit der heutigen Situation vergleicht:

> ‚There were no martyrs down there, believe me,' he chuckles. ‚The Panamanian forces were more understandable people for us.' [...] ‚Love of family' often had little purchase among the terrorists, however – as did love of life. ‚The jihadists would tell you, 'I've divorced this life, I don't care about my family,' recalls an interrogater at Guantánamo. ‚You couldn't shame them.'[135]

---

132 Yoo und Delahunty 50.

133 MacDonald 88.

134 MacDonald 85.

135 MacDonald 86.

Zusätzlich beschreibt sie einen einzigartigen Hass, den die Terroristen ihren Verhörern gegenüber an den Tag legten:

> The fierce hatred that the captives bore their captors heightened their resistance [...] prisoners in Kandahar would ,shout epithets at their captors. Including threats against the female relatives of the soldiers guarding them, knee Marines in the groin, and say that they will escape and kill 'more Americans and Jews.'[136]

MacDonald rechtfertigt Verhörmethoden, die bewusst die Genfer Konventionen überschreiten, da die mutmaßlichen Terroristen nur so zum sprechen zu bewegen seien, und beruft sich damit auf George W. Bush.[137] Sie zitiert einen CIA-Verhörer, Joe Martin, der die scharfen Verhörmaßnahmen legitimiert: „The point is not to beat him up but to introduce the reality into his mind that he doesn't know where your limit is."[138]

Ein Festhalten an traditionellen Verhörmethoden, die keinen Körperkontakt beinhalten, wird von MacDonald als realitätsfremd herausgestellt. Die mutmaßlichen Terroristen hätten sich auf klassische amerikanische Verhörmethoden eingestellt und nur eine Abkehr von diesen würde eine Verunsicherung mit sich bringen, die sie schließlich zum Reden brächte.

MacDonald erwähnt die Reziprozität als Regel im Umgang mit Terroristen, um verschärfte Verhörmaßnahmen zu legitimieren und sieht keinen anderen Weg, als auf diese Weise an Informationen über das Al Quaida-Netzwerk zu gelangen. In diesem Zusammenhang spricht sie des Weiteren an, dass die mutmaßlichen Terroristen ganz genau über ihre Rechte Bescheid wüssten und damit die amerikanischen Verhörer quasi erpressen könnten. Die Verhörer seien durch ihre Bindung an internationale Abkommen in ihrem Verhalten bei der Informationsgewinnung eingeschränkt, während die mutmaßlichen Terroristen sich ihren amerikanischen Bewachern gegenüber extrem beleidigend verhalten würden. MacDonald schreibt: „The captives protested every perceived infringement of their rights but, as in Afghanistan, ignored any reciprocal obligation."[139] Ihrer Meinung nach würden die internationalen Konventionen die Verhöre von mutmaßlichen Terroristen stärker maßregeln als normale polizeiliche Verfahren im Inland der USA. Die Terroris-

---

136 MacDonald 86.

137 MacDonald 87.

138 MacDonald 86.

139 MacDonald 89.

ten verfügten über unverhältnismäßig weitgehende Rechte, die nicht einmal amerikanische Staatsbürger während ihrer Verfahren genießen könnten: „Never mind that district attorneys and police detectives routinely invoke the possibility of harsh criminal penalties to get criminals to confess."[140]

MacDonalds Argumentation ist um eine besondere Form der Gegendarstellung bemüht, indem sie die Amerikaner als Opfer eines härteren inländischen Verhörsystems darstellt. Laut MacDonald gab es Differenzen zwischen den einzelnen Behörden, wie FBI und Militär, in Bezug auf die Verhörmethoden. Sie widerspricht damit indirekt der Möglichkeit, dass es von Anfang an ein allgemeines Konzept der US-Behörden gab in Bezug auf die Verhörmethoden für mutmaßliche Terroristen. Sie beschreibt die Anwälte im Pentagon als „fanatically cautious".[141] Deshalb wären strengere Regeln befolgt worden, als in den Genfer Konventionen festgelegt worden seien: „The outcome of this massive deliberation was more restrictive than the Geneva Conventions themselves."[142] Hier stellt sich die Frage, wieso sich die US-Behörden im Kampf gegen den Terror stärkere Restriktionen auferlegen sollten als bei anderen Krisenfällen? MacDonald versucht hier der Annahme der Öffentlichkeit, es habe eine Verbindung zwischen den Foltermemoranden und dem Abu Ghraib-Skandal gegeben, eine völlig andere „Wahrheit" der Geschehnisse entgegenzusetzen. So spricht sie von dieser Schlussfolgerung auch nur im fiktionalen Sinne, sie nennt sie „the torture narrative."[143] Danach kommt Folter in der Form der Fotos von Abu Ghraib in anderen Internierungslagern, beispielsweise auf Guantánamo, gar nicht vor. Abu Ghraib wäre somit einfach nur ein skandalöser Einzelfall, auf dessen Hintergründe die Autorin nicht eingeht, sondern statt dessen versucht, ihre Leserschaft von medizinisch kontrollierter milder Folter auf Guantánamo zu überzeugen.[144]

Für die Öffentlichkeit sind MacDonalds Aussagen über Folter auf Guantánamo besonders schwer zu überprüfen, da das Lager hermetisch abgeriegelt wird. Das Intelligente an den Foltermethoden der CIA scheint zu sein, dass sie zumeist keine äußerlichen Spuren bei den Gefolterten hinterlassen. So kann MacDonald behaupten, die üblichen Verhörmethoden der CIA könnte man nicht als Folter be-

---

140 MacDonald 90.

141 MacDonald 91.

142 MacDonald 91.

143 MacDonald 84.

144 MacDonald 92.

zeichnen und hinter den Foltervorkommnissen von Abu Ghraib stecke kein System.

Ihre Umschreibung der Realität wird in einer Aussage von ihr, die übrigens nur in Klammern steht, besonders deutlich: „Waterboarding is the most extreme method the CIA has applied, according to a former Justice Department attorney, and arguably it crosses the line to torture."[145] Sie klassifiziert „waterboarding" als Verhörmethode, die nicht zwingenderweise als Folter gesehen werden muss. Begründet wird dies damit, dass bei dieser Methode kein physischer Kontakt zwischen dem Verhörer und dem Verhörten besteht. Auf die spezielle Debatte über „waterboarding" wird noch einzugehen sein.

MacDonald versucht hier ganz nebenbei, durch eine Aussage, die in Klammern gesetzt ist, eine andere Interpretation des Folterbegriffes einzuführen, die stark an das besprochene Foltermemorandum von 2002 erinnert. In einem nächsten Schritt verurteilt sie jedoch das Foltermemorandum von 2002 und behauptet, dass die praktizierenden Verhörer von diesem Memorandum gar nichts gewusst hätten:

> A Guantánamo lawyer involved in the Kahtani interrogation echoes Mackey: ‚We were not aware of the [Justice Department and White House] debates.' Interrogators in Iraq were equally unaware of the Bybee memo.[146]

Das neue Memorandum von 2004, das die Legalisierung von Folter wieder ein Stück zurücknahm, wird von MacDonald als falsches Vorgehen der US-Regierung gesehen. Es sei von linksgerichteten Journalisten als Schuldeingeständnis betrachtet worden und würde somit der Verbreitung des „torture narrative", die Foltermemoranden des US-Justizministeriums hätten die Foltervorfälle von Abu Ghraib bedingt, dienen.

Die Vorfälle von Abu Ghraib stellt sie als das Missverhalten einiger Soldaten der unteren Ränge dar, die im schwer zu kontrollierenden Irak nur die Eskalation auf den Straßen ins Gefängnis mitnahmen. Sie versucht deren Handeln aufgrund der prekären Sicherheitslage im Irak nachvollziehbar zu machen und von ihrer Schuld abzulenken, indem sie die Iraker als „prisoners regularly rioted"[147] persönlich angreift. Sie macht eine Unterscheidung zwischen den CIA-Verhörern und den amerikanischen Soldaten, die an dem Abu

---

145 MacDonald 92.

146 MacDonald 93.

147 MacDonald 94.

Ghraib-Skandal beteiligt waren. Laut MacDonald hatten die Fotos von Abu Ghraib nichts mit den Verhörtechniken zu tun. Sie schreibt: „Finally, except for the presence of dogs, none of the behaviour in the photos was included in the interrogation rules promulgated in Iraq."[148] Damit werden die allgemeinen Verhältnisse im Gefängnis als im Wesen nach konträr zu den Verhörmethoden angeordnet.

Sie verteidigt die Verwendung von verschärften Verhörmaßnahmen und hält Eskalationen bei Verhören für nicht erwähnenswert, da sie damit in einer Diskussion nur ein schlechtes Licht auf andere Verhörtechniken werfen würden:

> Whether or not those two particular stressors [nudity and dogs] are worth defending (and many interrogators say they are not), their abuse should not discredit the validity of other stress techniques that the military was cautiously experimenting with in the months before Abu Ghraib.[149]

MacDonald unterstellt den gefangenen Terroristen gewollte Homosexualität, anscheinend um die Foltervorwürfe von Abu Ghraib, Gefangene wären zu homosexuellen Handlungen gezwungen worden, in eine bewusste Stigmatisierung der Gefangenen als Homosexuelle umzukehren[150]. Diese Aussage, islamistische Terroristen seien üblicherweise homosexuell, ist jedoch aufgrund von deren religiöser Orientierung wenig überzeugend. Diese Stigmatisierung ist eine weitere Gegendarstellung, ähnlich wie ihr Konzept des sogenannten „torture narrative".

Der Artikel von MacDonald ist weniger eine juristische Meinung, sondern soll mehr ein Bericht der Verhörverhältnisse an der „Front" aus der Sicht von CIA- und FBI-Mitarbeitern sein. Er möchte Verständnis für die Situation von Verhörern mutmaßlicher Terroristen wecken, die von internationalen Konventionen unnötigerweise eingeschränkt und von vorsichtigen, dem Gutmenschentum und dem persönlichen Gewissen verpflichteten Juristen und anderen Personen in der öffentlichen Debatte zurückgehalten, kaum ihrer Arbeit nachgehen könnten.

MacDonald zeigt die Probleme amerikanischer Soldaten oder amerikanischer Geheimdienstmitarbeiter auf, individuelle Biografien mutmaßlicher Terroristen als Gegenaspekt jedoch kaum. Wenn Ter-

---

148 MacDonald 94.

149 MacDonald 94.

150 MacDonald 89.

roristen als Individuen dargestellt werden, dann nur um deren besondere Böswilligkeit herauszustellen. Ansonsten erscheinen sie eher als gesichtslose Masse.

Durch ihre Zitate von CIA-Mitarbeitern versucht sie, ihren Lesern eine objektive Realität zu suggerieren, „wie es wirklich gewesen ist". Sie verneint, dass es eine Verbindung zwischen den Foltervorkommnissen von Abu Ghraib und den Foltermemoranden des Justizministeriums gäbe und betrachtet diese Ansicht als eine Erzählversion der Ereignisse nach dem 11. September, „torture narrative", die sich als Lüge entpuppt. Den ethischen Skandal beschreibt sie schlicht als Medienkampagne, wörtlich „the public relations disaster of Abu Ghraib"[151]. Das ethische Argument disqualifiziert MacDonald allgemein, da sie es als minderwertig abtut. Das wird in ihrer Argumentation dadurch deutlich, dass sie das ethische Argument gönnerhaft nur am Rande erwähnt und ihm damit eine zentrale Stellung innerhalb der Debatte verweigert. Sie schreibt: „The argument that such techniques contributed to a dehumanization of the detainees, which in turn led to their abuse, is not wholly implausible."[152] Sie führt weiterhin aus, dass die Medienberichterstattung über den Abu Ghraib-Vorfall zu einer unangemessenen Ängstlichkeit bei den CIA-Verhörern geführt hätte. Außerdem sei durch die auf öffentlichen Druck hin veranlasste Veröffentlichung von Dokumenten bezüglich der Verhöre angeblich geheime und wertvolle Information nach außen gelangt, die sich die Al Quaida nun zunutze machen könnte.

In der folgenden Aussage wird die negative Einstellung von MacDonald zum Völkerrecht im Allgemeinen deutlich. Sie schreibt:

> But contrary to the fantasies of the international law and human rights lobbies, a world in which all interrogation is illegal and rights are indiscriminately doled out, is not a safer or more just world.[153]

Ähnlich wie bei dem Begriff "torture narrative" diffamiert sie internationales Recht und Menschenrechtsverteidiger als realitätsfern. Hier spielt wieder eine patriotische Rhetorik eine Rolle, dergestalt, dass Amerika sich keinen internationalen Konventionen beugen sollte, wenn es seine eigene Nation verteidigt. Diesbezüglich schreibt sie auch:

---

151 MacDonald 94.

152 MacDonald 94.

153 MacDonald 95.

> In fighting them, we must of course hold ourselves to our own high moral standards without, however, succumbing to the utopian illusion that we can prevail while immaculately observing every precept of the Sermon of the Mount.[154]

Internationales Recht hyperbolisch als die gewollte Umsetzung der Bergpredigt zu beschreiben, ist Teil ihres stark polemischen Stils.

Bezeichnend, dass sie von "our own high moral standards" spricht und nicht von den Werten der Weltgemeinschaft, wie sie in UN-Konventionen zum Ausdruck kommen, die sie indirekt als Utopie versteht.

Wie sie die Gegenseite zum moralischen Amerikaner sieht, macht sie zum Schluss noch einmal sehr deutlich. Sie beschwört die wirklich „bösen Buben" der Zeitgeschichte[155]: die Nazis und Japaner während des Zweiten Weltkrieges und die Regime von Afghanistan und dem Irak, die sich selbst aus der zivilisierten Ordnung ausgeschlossen hätten und deshalb auch keine humane Behandlung erwarten durften. Eigenes Fehlverhalten, beispielsweise zur Zeit des Zweiten Weltkrieges in Bezug auf die Internierung in USA lebender Japaner, wird „weiß gewaschen".

Die islamische Welt und ihre Kultur werden wörtlich als „barbarious"[156] beschrieben. MacDonalds Ansicht nach sind die Handlungen der USA nicht vergleichbar mit der Inhumanität der Konzentrationslager der Nazis oder der brutalen Frauenfeindlichkeit der islamischen Staaten. Diese Staaten hätten wirklich gefoltert bzw. tun es auch in der Gegenwart, während die zugespitzten Verhörmethoden der CIA dagegen kaum ins Gewicht fielen. Nur das kulturell Fremde zeigt in seinem Wesen problematische Züge, das eigene Land ist davon ausgenommen.

Folter wird von MacDonald wenig detailreich beschrieben, sie zieht sich eher auf Allgemeinplätze wie der „Außergewöhnlichkeit" des islamistischen Terrorismus und auf Euphemismen wie „stress methods" zurück, Foltergefängnisse und ihre Vorkommnisse werden eher gedanklich ausgeklammert, wie dies allein schon ihre Begriffsprägung „torture narrative" deutlich macht. MacDonald folgt damit der Argumentationslinie der Foltermemoranden, auch wenn sie deren Bedeutung für CIA-Verhöre abstreitet.

---

154 MacDonald 96.

155 MacDonald 96.

156 MacDonald 96.

IV. Diskursstrategien der Foltergegner

> *„Wenn der Staat foltert, nimmt er dem einzelnen Menschen seine Würde. Folter zielt darauf ab, einen Menschen innerlich zur unterwerfen, seine Psyche verfügbar zu machen und ihn seiner Würde zu berauben."*[157]

Im Gegensatz zu den Folterbefürwortern verfügen die Foltergegner in der amerikanischen Folterdebatte über einen entscheidenden Vorteil. Trotz der Dehnung und Umschreibung des Folterbegriffs durch das Foltermemorandum vom 1. August 2002 und der Ablehnung der Gültigkeit internationalen Rechts bei der Internierung von potenziellen Al-Quaida-Terroristen, ist Folter als solche nach amerikanischem Recht verboten. David Luban erinnert daran, gemäß einer Einbettung dieses Rechts in die amerikanische Kultur: „Torture used to be incompatible with American values."[158] In Einklang mit dieser Feststellung sollen in diesem Kapitel die menschenrechtlichen, ethischen und religiösen Argumente herausgearbeitet und die spezielle Funktion der historischen Vergleiche analysiert werden.

IV.1 Der menschenrechtliche Diskurs

Um den menschenrechtlichen Diskurs zu verstehen, muss man sich zunächst noch einmal in Erinnerung rufen, was das Konzept *Menschenrechte* beinhaltet. Amnesty International charakterisiert diese Idee folgendermaßen:

> Die Menschenrechte setzen notwendigerweise voraus, dass es im Rechtsverhältnis zwischen Staat und Individuum etwas gibt, was nicht erst vom Gesetzgeber gewährt wird, sondern von ihm als vorgängig anerkannt und als nicht verfügbar respektiert werden soll.[159]

Auf ihre vorkonstitutionelle Wesensart und die damit verbundene Basierung auf dem Prinzip des Naturrechts wurde schon eingegangen. Menschenrechte zeichnen sich, stark verallgemeinert, durch drei zentrale Merkmale aus. Dazu gehört die *Unveräußerlichkeit*, d.h. das Menschenrecht ist an die menschliche Existenz geknüpft. Nur in

---

157 Amnesty International, *Nein zur Folter. Ja zum Rechtsstaat* 3.

158 David Luban, „Liberalism, Torture and the Ticking Bomb," *The Torture Deabte in America*, ed. Karen J. Greenberg (Cambridge: Cambridge UP, 2006) 35.

159 Amnesty International, *Nein zur Folter. Ja zum Rechtsstaat* 3.

wenigen Ausnahmen dürfen Menschenrechte eingeschränkt werden, z.B. bei der Bestrafung von Verbrechen und auch hier gelten gewisse Grenzen: So wird die Bestrafung eines Verbrechers durch einen Gefängnisaufenthalt als legitim angesehen. Es gibt jedoch absolute Rechte, wie das Verbot der Folter und der Sklaverei, die nicht eingeschränkt und damit auch nicht als Bestrafung verwendet werden dürfen. Als zweites Charakteristikum gilt die *Unteilbarkeit*, d. h. die einzelnen Menschenrechte bedingen einander und sind eng miteinander verbunden. So bedingen soziale Menschenrechte die Wahrnehmung von politischen Menschenrechten. Hierzu ein einfaches Beispiel: Nur wenn das Recht auf Nahrung verwirklicht und damit das Überleben eines Menschen gesichert ist, kann dieser ein politisches Menschenrecht, wie etwa die freie Meinungsäußerung, wahrnehmen. Das dritte Element, die *Universalität*, geht von dem Ideal aus, dass Menschenrechte für alle Menschen überall gleichermaßen gültig sein sollen, unabhängig von deren Zugehörigkeit beispielsweise zu einer bestimmten ethnischen Gruppe oder einem bestimmten Geschlecht oder in welcher Region der Erde sie sich gerade aufhalten.[160]

Der menschenrechtliche Diskurs argumentiert völkerrechtlich, die Einsicht in unveräußerliche, unteilbare und universelle Menschenrechte soll zu bindendem internationalen Recht werden. Üblicherweise werden unter „Menschenrechten" in erster Linie die bürgerlichen und politischen Menschenrechte verstanden. Die künstliche Teilung zwischen bürgerlichen und politischen Menschenrechten auf der einen Seite und wirtschaftlichen, sozialen und kulturellen Menschenrechten auf der anderen Seite ist historisch bedingt. Sie ist während des Kalten Krieges entstanden, innerhalb dessen die zwei Großmächte jeweils nur einen Menschenrechtspakt unterschrieben haben. (Die USA beschränkten sich auf den UN-Zivilpakt, die Sowjetunion auf den UN-Sozialpakt.) Diese Trennung gilt in der heutigen Diskussion als überwunden. Die sog. dritte Generation von Menschenrechten, wie beispielsweise Rechte auf Frieden und Entwicklung, sind noch sehr umstritten, weil ihr Konzept noch als wenig genau definiert und praktikabel erscheint. Ohne die Idee der Menschenrechte wäre der heutige Rechtsstaat, verbunden mit der Gewaltenteilung einer Demokratie, nicht denkbar:

> Aus der Idee eines sich selbst bestimmenden, nicht von außen verfügbaren Individuums schöpfen die Menschenrechte ihre revolutionäre Kraft. Hierauf gründet sich die Geschichte

160 Krennerich, http://www.fes.de/handbuchmenschenrechte/03-menschenrechte-einstieg.html (20.02.2008).

> der Menschenrechte und des von den Grundsätzen der Gewaltenteilung und der Grundrechtssicherung geprägten Rechtsstaates. Deshalb schützt die Verfassung die Autonomie des Menschen nicht nur aus Respekt vor seiner Individualität, sondern auch als Voraussetzung eines demokratischen Gemeinwesens und als verfassungsrechtliches Legitimationssubjekt der universellen wie auch unserer Staatsordnung.[161]

Ein klassisches Beispiel für den menschenrechtlichen Diskurs stellt der Artikel von M. Cherif Bassiouni dar. Bassiouni beginnt seinen Aufsatz damit, den rechtlichen Weg des Verbotes von Folter nachzuzeichnen, der schließlich in die 1984 verabschiedete Antifolterkonvention mündete[162] und spricht von alten Gewissheiten:

> During this period, there was no doubt that any form of physical or psychological abuse intended to be coercive in order to obtain any statements by a person held in official custody was prohibited[163].

Bassiouni argumentiert mit einem traditionellen Verständnis von Völkerrecht, das auch durch die weltpolitischen Veränderungen im Zuge des "Krieges gegen den Terror" nichts an Bedeutung verloren habe. Weiterhin schreibt er:

> The consensus of the international community, as reflected by the overwhelming majority of United Nations' member states as well as by international civil society, was clear and unequivocal.[164]

Hier wird an eine allgemein anerkannte, durch die internationale Völkergemeinschaft als Kollektiv abgesegnete Wahrheit erinnert.

Außerdem spricht Bassiouni vom Erfolg der Antifolterkonvention:

> „The Committee on Torture (CAT) established by the Convention monitored these activities and issued annual reports, which named and shamed those governments that engaged in this practice. As a result, such governments became more circumspect, and the practice became more limited."[165]

---

161 Amnesty International, *Nein zur Folter. Ja zum Rechtsstaat.*

162 M. Cherif Bassiouni „Great Nations and Torture," *The Torture Debate in America*, ed. Karen J. Greenberg (Cambridge: Cambridge UP, 2006) 256.

163 Bassiouni 257.

164 Bassiouni 257.

165 Bassiouni 257.

Die Antifolterkonvention führte zu einer internationalen Ächtung der Folter, die nicht nur durch die Unterzeichnerstaaten, sondern auch durch die internationale Zivilgesellschaft vorangetrieben wurde. Damit macht Bassiouni auf einen internationalen moralischen Konsens aufmerksam, der sich nicht nur auf die politische Sphäre beschränkt und somit seiner Argumentation zusätzliches Gewicht verleiht.

Folter hat sich im Laufe der Zeit zu einer geächteten Praxis entwickelt, Bassiouni weist darauf mit seiner Formulierung: „the course of this evolution"[166] hin. Er impliziert damit einen Fortschrittsgedanken in Bezug auf die Entwicklung von internationalen Menschenrechtsstandards:

> The world community had reached a point believed to be one of no return with respect to allowing governments to practice torture, either as a matter of policy or by the agents of governments as a matter of practice.[167]

Für Bassiouni ist die Anwendung von Folter in einem Staat ein Indiz für eine barbarische Gesellschaft: „Civilized nations do not engage in that practice."[168] Er beschreibt, mithilfe eines berühmten Zitates von Gertrud Stein, wie die Vereinigten Staaten den Begriff der Folter durch Euphemismen ersetzen:

> The position of the United States is that torture called by another name is permissible and that torture which does not cause the risk of death is considered coercive - ignoring the obvious conclusion that a rose by any other name is still a rose. In this case, torture by any other name is still torture.[169]

Im Bezug auf die Verletzung von internationalem Recht durch die Amerikaner verwendet Bassiouni den Topos der Unsagbarkeit, da sich gerade diese Nation bisher als Vorreiter des Menschenrechtsgedankens gesehen hatte:

> For a government like that of the United States, which has historically championed human rights at the international level and which is based on the rule of law as reflected in its constitution and laws, blatantly to violate its international

---

166 Bassiouni 257.

167 Bassiouni 258.

168 Bassiouni 259.

169 Bassiouni 259.

> and national legal obligations by an established governmental policy exceeds any possible description.[170]

Im letzten Paragrafen des Aufsatzes erinnert Bassiouni mit einem gewissen Pathos an die grundsätzliche Unterscheidung zwischen der moralischen und der machtpolitischen Stärke einer Nation:

> The difference between a great nation and a mighty nation is not measured by its military wherewithal or its ability to exercise force, but by its adherence to higher values and principles of law. This is what the United States is based on, and this is what has made it a great nation.[171]

Die Memoranden vom Januar 2002 sowie vom August 2002 veranlassen Christopher Kurtz zu seiner Fragestellung, ob die an den Memoranden beteiligten Juristen strafrechtlich für die sich daraufhin ereignende Folter belangt werden können.[172]/[173] Er ist der Überzeugung, dass die Verfassung der Foltermemoranden unter folgenden Sachverhalt fällt: „Accessorial liability lies most naturally when one person has aided or encouraged another to commit a criminal act, with the intent that the second person commits the act."[174] Kutz's Diskussionsbeitrag reicht über das Pro und Contra zur Folter hinaus und ist als Anklage gegen die Juristen, die die betroffenen Memoranden verfasst haben, zu verstehen. Im Gegensatz zu anderen Artikeln, die sich um eine theoretische Auseinandersetzung bemühen, beschäftigt er sich mit der Möglichkeit, wie eine Ahndung dieser Art von Justizverbrechen praktisch aussehen könnte. Seine Argumentation in Bezug auf „aggressive legal positions" [175] steht im starken Kontrast zu Shapiros Beitrag, auf den noch einzugehen sein wird. Shapiro stellt das Memorandum zu den Genfer Konventionen betont als gewöhnliches Memorandum hin.

---

170 Bassiouni 259-260.

171 Bassiouni 260.

172 gemäß der *Antifolterkonvention* Article 4 : Absatz 1. Each State Party shall ensure that all acts of torture are offences under its criminal law. The same shall apply to an attempt to commit torture and to an act by any person which constitutes complicity or participation in torture. 2. Each State Party shall make these offences punishable by appropriate penalties which take into account their grave nature.

173 Christopher Kutz, „The Lawyers Know Sin: Complicity in Torture," *The Torture Debate in America*, ed. Karen J. Greenberg (Cambridge: Cambridge UP, 2006) 243.

174 Kutz 243.

175 Kutz 246.

Michael Ratner und Peter Weiss zeigen Möglichkeiten auf, wie man Folter an Gefangenen, begangen von Mitgliedern der U.S.-Regierung, strafrechtlich verfolgen könnte.[176] Eine amerikanische Menschenrechtsorganisation, Center for Constitutional Rights (CCR), der auch die Autoren angehören, hat in Deutschland diesbezüglich Anklage erhoben. Wichtig hierbei ist, festzuhalten, dass nicht nur Donald Rumsfeld als Verteidigungsminister, sondern auch der ehemalige CIA Direktor George Tenet und mehrere Angehörige des U.S.-Militärs angeklagt wurden. Neben Vertretern der Exekutive wurde auch der Jurist Alberto Gonzales, der an den Foltermemoranden gearbeitet hatte, angeklagt. Hier wird das ethische Fehlverhalten eines Juristen besonders herausgestellt.

Die U.S.-Gerichte hätten die wahren Schuldigen von den Foltervorkommnissen im Irak nicht verurteilt. Nur Soldaten niederer Ränge seien zur Rechenschaft gezogen worden, nicht jedoch diejenigen, die die Befehle zur Folter gegeben haben. Deshalb sehen sich die Autoren gezwungen, den Fall vor einem europäischen Gericht erneut aufzurollen, da kein U.S.-Gericht existiere, das die Verbrechen von hohen US-Beamten angemessen untersuchen und ahnden könne. Der Internationale Strafgerichtshof käme auch nicht in Betracht, da dieser von den Vereinigten Staaten nicht ratifiziert worden sei und somit Staatsangehörige der USA vor diesem Gericht nicht angeklagt werden könnten.[177]

Der Artikel von Ratner und Weiss ist eine klassische menschenrechtliche Argumentation, die sich für eine universalistische Strafverfolgung von Verletzungen von Menschenrechten stark macht.

Der Aufsatz vermittelt eine starke Dringlichkeit, was die strafrechtliche Verfolgung der Befehlsinstanzen in Bezug auf die Folter angeht. Aus ethischen Gründen müsste sie unbedingt erfolgen. Ethische Argumentationen sollen nun als nächster Schritt näher untersucht werden.

---

176 Michael Ratner und Peter Weiss „Litigating Against Torture. The German Criminal Prosecution," *The Torture Debate in America*, ed. Karen J. Greenberg (Cambridge: Cambridge UP, 2006) 261.

177 Ratner und Weiss 262.

IV.2 Ethische Argumentationen

Bei einer Trennung des ethischen Diskurses vom menschenrechtlichen Diskurs lässt sich feststellen, dass sich der ethische Diskurs auf menschliches Handeln konzentriert, welcher der Sittlichkeit verpflichtet ist, während der menschenrechtliche Diskurs die Übersetzung ethischer Inhalte in juristische Form praktiziert.

Ethische Argumentationen sind „praktische" philosophische Erörterungen, die nach dem richtigen Handeln fragen. Ein berühmtes Beispiel hierfür ist der kategorische Imperativ von Immanuel Kant „Handle so, dass die Maxime deines Willens jederzeit zugleich als Prinzip einer allgemeinen Gesetzgebung gelten könne."[178] David Luban bespricht in seinem Artikel „Liberalism, Torture, and the Ticking Bomb" wichtige mit der Folter verbundene ethische Probleme. Er weist auf die besondere Beziehung zwischen Folterer und Gefoltertem hin und kommt zu folgendem ethischen Urteil: „The self-conscious aim of torture is to turn its victim into someone who is isolated, overwhelmed, terrorized and humiliated."[179] Mit dieser Aussage beschreibt Luban den schweren Verstoß der Folter gegen die Menschenwürde. Die Funktion von Folter fasst er folgendermaßen zusammen: „victor's pleasure, terror, punishment, and extracting confessions"[180] Folter hat demnach zwei Charakterzüge: Zum einen kann Folter aus purem Vergnügen an der Grausamkeit erfolgen, zum anderen gibt es eine Art rationale Folter, die um Bestrafung und Informationsgewinnung bemüht ist. Laut Luban können beide Folterarten nicht mit ethischem Handeln in Einklang gebracht werden. Demokratie und Folter versteht er als Gegensatzbegriffe, denn „torture is tyranny in microcosm"[181]. Folter dürfe demnach nicht Teil einer liberalen Gesellschaft sein. Er spricht von den praktischen Auswirkungen, die gesetzmäßig erlaubte Folter in Amerika hätte, nämlich eine Foltergesellschaft, „torture culture"[182], die Folterer in Polizei- und Militärschulen ausbilden würde und die zu einer generellen Brutalisierung der Nation führen könnte.

---

178 Immanuel Kant, *Kritik der praktischen Vernunft* (Leipzig: Reclam, 1978) 236.

179 Luban 38.

180 Luban 42.

181 Luban 43.

182 Luban 48.

Als nächster Schritt soll die ethische Dimension des juristischen Berufes beleuchtet werden. James Boyd White nennt die persönliche Integrität eines Juristen, die ihn bei seiner juristischen Rhetorik unterstützt:

> The third aspect of legal rhetorics is what might be called its ethical or communal character, or its socially constitutive nature. Every time one speaks as a lawyer, one establishes for the moment a character - an ethical identity, or what the Greeks called an ethos - for oneself, for one's audience and for those one talks about, and proposes a relationship among them [...] What kind of conversation should the law constitute, should constitute the law?[183]

Diese rhetorische Deutung des Berufsethos eines Juristen lässt sich auch rein ethisch übersetzen. Als Staatsdiener sollten sich Juristen dem Allgemeinwohl verpflichtet fühlen und sich für die Rechte der Individuen innerhalb einer Gesellschaft einsetzen.

Diese Aussagen sind wichtig, wenn die einzelnen ethischen Argumentationen untersucht werden, die sich auf das Berufsethos der Juristen konzentrieren.

Christopher Kutz macht in seinem Diskussionsbeitrag, „The Lawyers Know Sin: Complicity in Torture" auf die ethische Verantwortung von Juristen aufmerksam. Er benutzt als Einleitung einen eindringlichen Vergleich der Arbeit der Juristen des OLC mit der Verantwortung von Physikern an den tödlichen Zerstörungen durch Atombomben, die Japan während des Zweiten Weltkrieges trafen. Kutz verdeutlicht damit, dass ein Berufszweig, dem es vormals rein um wissenschaftliches Arbeiten ging, sich plötzlich mit politischer Verantwortung innerhalb eines Kriegsszenarios konfrontiert sah.[184]

Die Autoren Richard B. Bilder und Detlef F. Vagts nehmen in ihrem Beitrag eine Art Zusammenfassung über die einzelnen Punkte der Kritik an den Foltermemoranden der US-Regierung als Ausgangspunkt, um sich weiterhin auf das Berufsethos[185] der Juristen, die die Memoranden verfasst haben, zu konzentrieren. Die Überschrift weist auf die zwei Sphären hin, die in ihrem Zusammenspiel Folter möglich gemacht haben und zentral für die ganze Folterdebatte

---

183 White 303-304.

184 Kutz 241.

185 Richard B. Bilder und Detlef F. Vagts, „Speaking Law to Power: Lawyers and Torture," *The Torture Debate in America*, ed. Karen J. Greenberg (Cambridge: Cambridge UP, 2006) 152.

sind, nämlich „law" und „power".[186] In ihren einleitenden Sätzen werfen sie die Frage nach der Angemessenheit der Rolle auf, welche die in der US-Regierung tätigen Juristen ausüben. Die Juristen schützten und gewährleisteten mit den Foltermemoranden nicht das Recht, sondern rechtfertigten ausschließlich die Politik der Regierung. Im nächsten Paragrafen fassen sie den Inhalt der Foltermemoranden sowie einzelne Kritikpunkte an diesen zusammen.[187] Im Folgenden entfalten sie dann ihre persönliche Haltung. Sie fundieren ihre Kritik mit dem ethischen Aspekt des juristischen Berufes:

> the American Bar Association Model Rules make clear that it is proper for a lawyer to refer to relevant moral and ethical considerations in giving such advice, since moral and ethical considerations impinge upon most legal questions, and may decisively influence how the law should be applied.[188]

Die Autoren erklären einen Rechtsbruches, der mit dem „Krieg gegen den Terror" gerechtfertigt wird, für unhaltbar und berufen sich dabei auf einen historischen Vergleich mit Nazideutschland:

> It is worth recalling that Ribbentrop was convicted at Nuremberg for having issued memoranda justifying the Nazi preemptive strikes against Norway, Denmark, and the Low Countries in 1940.[189]

Sich in einer Argumentation, die völkerrechtliche Inhalte hat, auf die Nürnberger Kriegsverbrechertribunale zu beziehen, ist sehr effektiv, da die Tribunale ein konstituierendes Element des Völkerrechts nach dem 2. Weltkrieg darstellen. Wie allgemein bekannt, waren die Vereinigten Staaten federführend in der Initiierung und Durchführung der Prozesse und sie werden somit auch heute noch als zentraler Ausdruck des eigenen Rechtsverständnisses gesehen. Die aktuelle Schmähung internationalen Rechts durch die Folterbefürworter in dieser amerikanischen Debatte kann durch diesen historischen Verweis zurechtgerückt werden. Dies ist ein sehr machtvoller historischer Vergleich, auf weitere werden wir innerhalb dieses Kapitels noch näher eingehen.

Die Autoren weisen darauf hin, dass die Achtung von internationalem Recht auch den patriotischen Interessen der Vereinigten Staaten dienlich ist: „Greater respect for international law, as well as our

---

186 Bilder und Vagts 151.

187 Bilder und Vagte 151-152.

188 Bilder und Vagts 153.

189 Bilder und Vagts 154.

traditional values, would have better served our national interest." (Bilder und Vagts, 154) und entkräften damit die Rhetorik der Folterbefürworter, die Folter als nötiges Mittel zur nationalen Selbsterhaltung ansehen.

Sie schließen ihren Beitrag mit einer Art von Heldengeschichten über „role models", die sich als Juristen vorbildlich ethisch verhalten haben. Einmal werden amerikanische Juristen erwähnt, die während der Watergate-Affäre zurücktraten, um sich nicht zu Komplizen von Nixon zu machen, sowie deutsche Militärjuristen während des Zweiten Weltkrieges, die Hitlers Kommandobefehl für illegal erklärten und dafür hingerichtet wurden.[190] Mit dem Verweis auf die Watergate-Affäre wird auf einen inländischen Konflikt verwiesen, um spezifisch amerikanisches Berufsethos herausstellen. Die meisten historischen Vergleiche in dieser Debatte haben jedoch selbsterklärend internationale Konflikte zum Thema. Bevor auf historische Vergleiche näher eingegangen wird, sollen zunächst religiöse Argumentationen untersucht werden.

IV.3 Religiöse Argumentationen

Die religiösen Argumentationen der Autoren Joyce S. Dubensky und Rachel Lavery nehmen ihren Ausgangspunkt in einer modernistischen Auffassung von Religion. Die Argumentationen sind keineswegs dogmatisch, da sie nicht um eine traditionelle Auslegung der Heiligen Schrift bemüht sind. Sie nehmen auch nicht die Einschätzung der Folterfrage anhand eines speziellen konfessionellen Standpunktes ins Blickfeld. Im Mittelpunkt steht das alle Religionen verbindende Element des Glaubens an Gott als letzte und alles vereinnahmende Instanz. So kann man zu sehr abstrakten Definitionen von religiösen Argumentationen kommen, die sich gut in der Folterdebatte verwenden lassen. Klemm schreibt in seinem Aufsatz „The Rhetoric of Theological Argument" zu aktueller religiöser Rhetorik in *The Rhetoric of the Human Sciences*:

> For whatever one means by God, the word itself suggests the ultimate dimension of reality, the ground and power of being itself. Hence there can be no standpoint that is external to God.[191]

---

190 Bilder und Vagts 154-155.

191 David E. Klemm, „The Rhetoric of Theological Argument," *The Rhetoric of the Human Sciences: Language and Argument in Scholarship and Public Affairs*, ed. John S. Nelson (Madison: U of Wisconsin P, 1987) 280.

Mit ihrem Artikel „Torture: An Interreligious Debate"[192] verfolgen Joyce S. Dubensky und Rachel Lavery eine religiöse Argumentation, die nach dem Vorbild des Universalitätsprinzips des menschenrechtlichen Diskurses argumentiert. Der Artikel verfolgt die Entdeckung universeller Werte, die in allen Weltreligionen zu finden sind, und die sich für eine Argumentation gegen die Folter verwenden lassen: „While all religions worldwide do not identify the same theological basis for human rights, there are basic values across religious traditions that offer a powerful rationale for a shared condemnation of torture."[193] Die Autoren kritisieren, dass heutige Konzepte von Menschenrechten in erster Linie ethisch und rechtlich, aber nicht religiös definiert sind:

> In fact, none of the central international human rights conventions mentions God or a spiritual inspiration as a basis for protecting the welfare of all human beings.[194]

Die aufklärerische Idee von Menschenrechten sowie die religiöse Vorstellung von der Unsterblichkeit der menschlichen Seele und die Erschaffung des Menschen nach dem Ebenbild Gottes, aus der beispielsweise die christliche Menschenwürde abgeleitet wird, verbinden beide Konzepte. Allerdings unterscheiden sich die religiösen von den menschenrechtlichen Argumentationen unter anderem in einem entscheidenden Punkt. Dubensky und Lavery gehen der interessanten Tatsache nach, dass sich mithilfe der Weltreligionen sowohl für wie auch gegen Folter argumentieren lässt. Sie sind damit eine brauchbare Diskursebene für beide Seiten in der Folterdebatte.

Es finden sich innerhalb des religiösen Diskurses nicht nur Rechtfertigungen des „gerechten/heiligen Krieges"[195] und Selbstzüchtigung als Form der Askese[196] im Rahmen einer Argumentation für die Gewalt in bestimmten Fällen, sondern auch die Bejahung von Gewalt als Mittel zum Zweck, um ein höheres Ziel zu erreichen[197] sowie als bewusster Vergeltungsakt. Diese beiden zuletzt genannten Punkte spielen auch bei der rein juristischen Auseinandersetzung innerhalb der Folterdebatte in den USA eine große Rolle.

---

192 Joyce S. Dubensky und Rachel Lavery, "Torture: An Interreligious Debate," *The Torture Debate in America*, ed. Karen J. Greenberg (Cambridge: Cambridge UP, 2006) 173.

193 Dubensky und Lavery 163.

194 Dubensky und Lavery 163.

195 Dubensky und Lavery 167.

196 Dubensky und Lavery 165.

197 Dubensky und Lavery 166.

Dubensky und Lavery betonen jedoch die Lehren der Gewaltlosigkeit als den dominanten Diskurs innerhalb der ethischen Fragestellungen der einzelnen Religionen. Die Autoren definieren die Todesstrafe, die einen Vergeltungsakt durch den Staat darstellt, als eine Form von Folter:

> While many would surely argue that capital punishment is not included within the definition of torture, it clearly must be understood as a form of cruel and inhuman treatment [...] it involves governmentally-mandated pain and suffering.[198]

Die persönliche religiöse Überzeugung der beiden Autoren ist dadurch charakterisiert, dass sie in allen Weltreligionen die Gewaltlosigkeit als verbindendes Merkmal sieht. Dies macht ihre religiöse Argumentation der menschenrechtlichen vergleichbar. Ihr Menschenbild und ethisches Handeln gründet sich jedoch im Unterschied zum menschenrechtlichen Diskurs auf die Hinwendung zur Transzendenz. Noah Feldmann bettet die Argumentation der Folterbefürworter, man solle völkerrechtlich reziprok handeln und mutmaßlichen Terroristen den Schutz der Genfer Konvention entziehen, um die Terroranschläge zu vergelten, in einen alttestamentarischen Kontext.[199] Er zeigt auf, dass diese reziproke Regel in antiken Zeiten auch in der Beziehung zwischen den Menschen und Gott gesehen wurde. Sündigte ein Mensch, so wurde dieser von Gott bestraft. Dies ist jedoch keine religiöse Argumentation für die Wahrung der durch Gott bedingten Menschenwürde, sondern ein interessanter historischer Vergleich für die Kontinuitäten im Vergeltungsdenken durch alle Zeiten hindurch. Dies macht eine nähere Betrachtung historischer Vergleiche erforderlich.

IV.4 Historische Vergleiche

Historische Vergleiche und juristische Rhetorik sind auf ganz natürliche Art und Weise miteinander verbunden, wie Goodrich schreibt:

> The concepts of legal tradition as continuity, and of law as based upon custom or upon practice derived from 'time immemorial' are established themes of legal history. For legal

---

198 Dubensky und Lavery 169.

199 Noah Feldmann, „Ugly Americans," *The Torture Debate in America*, ed. Karen J. Greenberg (Cambridge: Cambridge UP, 2006) 267.

> scholarship the past has a pre-eminent role as the source of legal authority.[200]

Da sich angloamerikanisches Recht auf Präzedenzfälle bezieht, demzufolge grundsätzlich mit einer Art von historischem Vergleich arbeitet, erübrigt sich die Rechtfertigung der Analyse von historischen Vergleichen innerhalb einer juristischen Debatte.

Bei der Untersuchung historischer Vergleiche als rhetorisches Mittel ist es wichtig, zunächst Folgendes festzuhalten: „[F]acts never speak for themselves; it is always historians who speak for them“[201] So werden historische Vergleiche sowohl von Folterbefürwortern sowie von Foltergegnern angewendet. Die Einbettung der historischen Vergleiche in die Diskursstrategien der Foltergegner erfolgt an dieser Stelle, da Folterbefürworter sie in dieser Debatte häufiger und ausführlicher benutzen.

Im Gegensatz zu anderen Argumentationsstrategien suggeriert der historische Vergleich den Anspruch, von einer objektiven vergangenen Realität sprechen zu können, ohne auf rhetorische Mittel zurückgreifen zu müssen. Dies wird auch in einem wissenschaftlichen Diskurs häufig nicht bedacht:

> Some historians do not think of themselves of arguing anything or persuading anybody. History, they believe is merely ‘written-up,’ as scientists like to say about their lab reports.[202]

Der historische Vergleich hat aufgrund seiner Suggerierung einer empirischen Faktenbasis einen machtvollen Stellenwert innerhalb einer Debatte. In Bezug auf die Folter stellt er eine Kategorie menschlichen Handelns dar, die es, wie Gewalt allgemein, immer schon in Verbindung mit staatlichem Recht gegeben hat, wie Karen Greenberg schreibt:

> The historical approach reminds us that torture has a subtle relationship to the rule of law; it is the unspoken realm of the forbidden, the unnamed that law represses. It is, in many ways, the ghost in the closet. And like the ghost's relative, the Golem, it always lies in wait to announce itself, unex-

---

200 Goodrich 33.

201 Allan Megill und Donald N. McCloskey, „The Rhetoric of History,“ *The Rhetoric of the Human Sciences*, ed. John S. Nelson (Madison: U of Wisconsin P, 1987) 222.

202 Megill und McCloskey 222.

> pectedly, and with the express challenge to remove it before it spreads its destructive impulses too widely.[203]

Karen Greenberg gibt in dem Einleitungskapitel zu *The Torture Debate in America* einen guten Überblick über die Geschichte der Folter. Die Folter hatte zwei Funktionen. Einerseits diente sie dazu, Geständnisse zu erzwingen, um schließlich die Verurteilung des Gefolterten sicherzustellen. Andererseits bestrafte die Folter den Gefangenen auch ohne Prozess. Wie Karen Greenberg erklärt, war die Definition von Folter immer schon weit gefasst. Es wurde psychologische Folter praktiziert, die unter der bloßen Androhung von Folter, beispielsweise Wasserfolter, bestand oder extrem schmerzhafter physischer Folter.[204] Sie schreibt, dass Folter für Kapitalverbrechen speziell in England Teil des rechtlichen Systems war. Dies stellt eine entscheidende Parallele zur heutigen Situation dar:

> The jurisprudence of torture began in the 13th century and extended until the 18th century and was tied inextricably to the notion of proof. In Europe, the law of torture was reserved for capital crimes. Torture warrants in England and elsewhere relied on legal documentation, beginning with the issuing of a torture warrant, specifying the crime and the nature of torture.[205]

In Amerika wurden vor dem Bürgerkrieg schwarze Sklaven unter anderem mit der Methode der Wasserfolter gefoltert.[206] In der Debatte um die Wasserfolter, in der aktuellen Debatte „waterboarding" genannt, auf die im Vergleichskapitel näher eingegangen wird, erinnert Evan Wallach daran, dass Japaner, die US-Soldaten während des Zweiten Weltkrieges mit der Methode der Wasserfolter gequält hatten, nach dem Krieg im Rahmen von Kriegstribunalen verurteilt wurden.[207] 1983 wurde ein texanischer Sheriff aufgrund des Vorwurfes der Ausübung von Wasserfolter an Gefangenen angeklagt und verurteilt. Diese Präzedenzfälle erfordern in der aktuellen Dis-

---

203 Karen J. Greenberg, „The Rule of Law Finds Its Golem: Judicial Torture Then and Now," *The Torture Debate in America* (Cambridge: Cambridge UP, 2006) 3.

204 Greenberg 4.

205 Greenberg 5.

206 Scott Horton, „The Justice Department's Culture of Torture,"*Harper's Magazine* (6. November 2007) http://harpers.org/archive/2007/11/hbc-90001606 (20.02.2008).

207 Evan Wallach, „Waterboarding Used to be a Crime," *The Washington Post* (4. November 2007) http.//washingtonpost.com/wp-dyn/content/article/2007/11/02/AR2007110201170_pf.html (20.02.2008).

kussion eine eindeutige Einordnung des „waterboarding" unter die Kategorie der Folter und deren Verurteilung. Scott Horton zeigt auf, dass Wasserfolter seit dem 16. Jahrhundert als Foltermethode angesehen wurde.[208] Diese historischen Parallelen deuten auf eine grundsätzliche Kontinuität zwischen der Folterpraxis der Vergangenheit und der amerikanischen Folterpraxis der Gegenwart hin. Sie entkräften damit Konzepte der Folterbefürworter, es gäbe ausgesprochen moderne, ausgefeilte Formen der nichttödlichen Folter, auf die zurückgegriffen werden könne.

In seinem Beitrag „Through a Mirror, Darkly" bestätigt Scott Horton die Gültigkeit der Genfer Konventionen im „Krieg gegen den Terror", indem er die Arbeit der amerikanischen Juristen, die die Foltermemoranden verfasst haben, mit der Situation des deutschen Militärjuristen Helmuth James von Moltke während des Zweiten Weltkrieges vergleicht. Dieser hatte sich für eine humane Behandlung russischer Kriegsgefangenen eingesetzt.[209]

In seinen einleitenden Sätzen blickt Horton jedoch zunächst noch weiter zurück und erinnert an das Werk eines Philosophen des 18. Jahrhunderts, des Italieners Giambattista Vico.[210] Dieser hatte eine Konzeption historischer Zyklen (ricorsi) erarbeitet mit Hilfe derer er den Fortgang der Menschheit erklärte. Dieser schloss immer Wiederholungen der Vergangenheit mit ein.[211] Dieses Modell von geschichtlicher Entwicklung nimmt Horton als Grundlage für seinen Aufsatz.

Horton kommt zu dem Schluss, dass sich Wiederholungen von Fehlern der Vergangenheit augenblicklich im Bereich des Rechts konstituieren.

Er spricht den Juristen, die die Foltermemoranden verfassten, namentlich Alberto Gonzales, John Yoo, Jay Bybee und Robert Delahunty, ihre Professionalität und gleichzeitig eine Rechtfertigung ihres Handelns durch äußere Umstände ab. Er schreibt: „This move has been driven by individuals who present themselves as scholars, but who are not."[212] Er wendet sich in einer nächsten Sek-

---

208 Scott Horton, http://harpers.org/archive/2007/11/hbc-90001606 (20.02.2008).

209 Scott Horton, "Through a Mirror, Darkly: Applying the Geneva Conventions to 'A New Kind of Warfare,'" *The Torture Debate in America*, ed. Karen J. Greenberg (Cambridge: Cambridge UP, 2006) 140.

210 Horton 136.

211 Horton 136.

212 Horton 136.

tion, überschrieben mit „Another time, Another place" der Situation Deutschlands vor dem Zweiten Weltkrieg zu, ohne jedoch zunächst das Land und die Zeit seines historischen Vergleichs zu nennen. Er spricht vom akademischen Ruf Deutschlands: „[A] nation renowned for its legal scholarship - a nation whose universities were considered at the forefront of the world",[213] was eine erste Parallele zu den heutigen Vereinigten Staaten darstellt.

Nachdem er aufzeigt, wie eine radikale politische Partei die Macht ergriffen hatte, beschreibt er einen angeblichen Terroranschlag, der propagandistisch benutzt wurde: „within a month a mysterious terrorist attack occurred on a building which was the very landmark of the nation's greatest city".[214] Durch den Vergleich des Reichstagsbrandes und dessen politische Instrumentalisierung durch die Nationalsozialisten zieht er eine Parallele zu der Massenpanik, die sich in New York durch die Anschläge des 11. September entwickelte.

Eine zentrale Stelle in Hortons Aufsatz ist die Beschreibung der nationalsozialistischen Konzentrationslager:

> „a system of detention facilities was constructed to house those viewed as threats to the nation. Persons held in these centers were beyond the reach of the law and courts."[215]

Die Aufgabe, die sich Horton in seinem Aufsatz stellt, dem Leser sprichwörtlich durch einen düsteren historischen Vergleich den Spiegel vorzuhalten, erreicht hier einen Höhepunkt. Was kann einen größeren Schrecken bewirken, als eine Internierungsform der Gegenwart mit nationalsozialistischen Konzentrationslagern zu vergleichen? Horton zielt mit diesem fast schon provokativen Vergleich auf eine emotionale Wirkung bei seiner Leserschaft. Zu diesem Zeitpunkt hat er das Land in seinem historischen Vergleich immer noch nicht benannt, um dadurch eine Art objektiven Vergleich herstellen zu können. Zu einem späteren Zeitpunkt in seinem Artikel, nachdem er klar gestellt hat, um welche Zeit und um welches Land es sich handelt, nimmt Horton Stellung zu seinem Vergleich:

> They [the events] bear many unsettling similarities with events of more recent memory, though, to be clear, there are also many stark differences. But in the debate over application of international humanitarian law, the similarities dominate. Indeed, virtually all the arguments played out in

213 Horton 137.

214 Horton 137.

215 Horton 137.

> the recent internal debate over detainee abuse were also raised and discussed in Germany.[216]

Sein emotional hoch aufgeladener Vergleich ist auch deshalb so geschickt gewählt, da er aus einer Zeit stammt, die mancher Leser noch miterlebt haben mag: „a point still within the memory of some“[217]

Ein Vergleich mit Nazideutschland könnte so manchen amerikanischen Leser schockieren und auch eine Abwehrhaltung provozieren. In Bezug auf das kulturell Fremde in der amerikanischen Folterdebatte erinnert Horton an die Xenophobie der Deutschen, die die Russen als barbarisch betrachteten.

Horton verallgemeinert in seiner Einleitung den Geschichtsprozess. Mit der Geschichtsphilosophie Giambattista Vicos als Ausgangspunkt kommt er zu dem Ergebnis, dass das gegenwärtige Rechtsverständnis der USA keinen Fortschritt, sondern eher einen Rückschritt darstellt. Diese These stützt er durch seinen historischen Vergleich mit dem nationalsozialistischen Deutschland. Durch ein mit Quellen verifizierbares Beispiel wendet er Giambattista Vicos Generalisierung als eine Art deduktive Schlussfolgerung auf die rückwärts gerichtete amerikanische Justizkörperschaft der Gegenwart an.[218]

Stephen Holmes nennt in seinem Aufsatz „Is Defiance of Law a Proof of Success? Magical Thinking in the War on Terror“[219] antike Autoritäten, die sich gegen die Folter, d. h. gegen den zeitgenössischen Diskurs, der die Erzwingung von Geständnissen und Zeugenaussagen mithilfe körperlicher Misshandlung guthieß, ausgesprochen haben. Schon Aristoteles, Cicero und Ulpian arbeiteten heraus, dass Folter zur Informationsgewinnung untauglich ist und Augustinus weist zusätzlich auf die moralischen Probleme bei dieser Art von juristischem Handeln hin.[220] Auf Aristoteles und seine Einstellung zur Folter wird im Vergleichskapitel noch näher eingegangen. Holmes lässt schließlich auch die Foltergegner der frühen

---

216 Horton 138.

217 Horton 137.

218 Corbett 68.

219 Stephen Holmes, „Is Defiance of Law a Proof of Success? Magical Thinking in the War on Terror," *The Torture Debate in America*, ed. Karen J. Greenberg (Cambridge: Cambridge UP, 2006) 118-136.

220 Holmes 120-121.

Neuzeit zu Wort kommen, von Montaigne über Montesquieu bis Beccaria.[221]

Damit wären wir bei der Aufklärungszeit angelangt, deren politische Ideen die wesentliche Grundlage für die Legitimation des amerikanischen Staates, wie für westliche Demokratien überhaupt, darstellen. Holmes schreibt hier eine Art „Geschichte der Foltergegner“, indem er aufzeigt, dass es sie zu allen Zeiten gegeben hat und möchte den Leser für diese ethische Position innerhalb der Menschheitsgeschichte gewinnen.

---

221 Holmes 122.

V. Diskursstrategien der Folterbefürworter und der Foltergegner im Vergleich

„the ultimate taboo"[222]

In diesem Kapitel sollen verschiedene Argumente der Folterbefürworter und der Foltergegner im Vergleich analysiert werden. Als ersten Schritt werden die unterschiedlichen Einschätzungen der Foltermemoranden der US-Regierung und der Foltervorkommnisse von Abu Ghraib beleuchtet. Als nächsten Schritt wird die „Außergewöhnlichkeit" des islamistischen Terrorismus, der als Rechtfertigung für Folter dient, in Verbindung mit dem Schaffen von rechtsfreien Räumen näher untersucht.

Der Aspekt des naturrechtlichen Rechtsverständnisses in der Debatte wird anhand des „ticking bomb"-Ausgangsfalles diskutiert, da hier, auch von der Seite der Folterbefürworter, moralische Argumentationen die zentrale Rolle spielen. Anschließend wird diskutiert, ob die Argumentation für die Folter, wenn eine Parteinahme für rechtsfreie Räume erfolgt, überhaupt noch einen rechtspositivistischen Anspruch haben kann. Außerdem wird untersucht, welche Auswirkungen die mangelnde politische Transparenz im „Krieg gegen den Terror" auf die juristische Debatte hat. Abschließend wird die Verwendung von Euphemismen am Beispiel des „waterboarding" betrachtet, das die politische Instrumentalisierung juristischer Sprache sehr deutlich macht.

222 Greenberg 2.

V.1 Die Einschätzung der Foltermemoranden der US-Regierung und der Foltervorkommnisse von Abu Ghraib

„Das Folterverbot gilt absolut, wie wenige andere Prinzipien im Völkerrecht.“[223]

Bei der unterschiedlichen Darstellung der Foltermemoranden der US-Regierung und der Foltervorkommnisse von Abu Ghraib wird sich zunächst auf den letztgenannten Punkt konzentriert. In dem Kapitel *Patriotische Rhetorik und das kulturell Fremde* wurde nachvollzogen, wie Heather MacDonald die Verbindung der Foltermemoranden des Justizministeriums mit den Foltervorkommnissen von Abu Ghraib mit dem Begriff „torture narrative“[224] als fiktiv beschrieben hat.

Wie kann sie zu dieser Deutung, die eine Umkehrung von Folterberichten darstellt, kommen? Sie ist Teil eines medialen Diskurses der Verdrängung von Folter. Rajiva beschreibt die anfängliche Vermeidung des Folterbegriffes in den amerikanischen Medien nach der Bekanntwerdung der Vorfälle von Abu Ghraib: „The media, however, seemed reluctant to apply the word torture to what was happening, still preferring to call it abuse.“[225] Das Gleiche gelte auch für die britische Medienberichterstattung.[226] Wenn nachprüfbare Foltervorkommnisse in anderen Foltergefängnissen als nicht existent widerlegt werden, sollten in diesem Fall grundsätzliche Regeln von logischer Argumentation nicht vergessen werden, wie Corbett sie beschreibt: „One of the cardinal principles of argument is that the burden of proof rests upon the one who challenges the generally accepted view of things.“[227] Diese Widerlegung der praktizierten Folter nach logischen Argumentationsregeln bleibt Heather MacDonald ihrer Leserschaft schuldig. Bei der Diskussion um die Foltervorkommnisse von Abu Ghraib ist folgende Folterdefinition von R. G. Frey nützlich:

> „It [torture] may be inflicted by individuals or groups and for diverse ends, ranging from extracting information, confession, admission of culpability or liability, and self-incrimi-

---

223 Amnesty International, *Nein zur Folter. Ja zum Rechtsstaat* 8.

224 MacDonald 84.

225 Rajiva 18.

226 Rajiva 21.

227 Corbett 70.

> nation to general persuasion or intimidation or for amusement."[228]

Wichtig an dieser Definition ist der letzte Punkt. Im „Krieg gegen den Terror" wurde (und wird wahrscheinlich immer noch) Folter nicht nur zum Zweck der Informationsgewinnung eingesetzt, sondern geschieht als psychologischer Verselbstständigungseffekt aus purem Vergnügen an grausamen und erniedrigenden Handlungen, wie die Fotos von Abu Ghraib beweisen. Dort wurden Fotos von US-amerikanischen Soldaten aufgenommen, die sich zusammen mit den Gefangenen haben ablichten lassen.[229] Für David Luban ist Abu Ghraib der Inbegriff für eine sich verselbstständigende Gewaltspirale[230] und Beweis, dass Folter nicht in einem stark beschränkten Maß ausgeübt werden kann, da sie immer zu Gewaltexzessen führt. Dies nutzt er rhetorisch als eine Warnung, wie eine Folterkultur aussehen könnte:

> Abu Ghraib is the fully predictable image of what a torture culture looks like. Abu Ghraib is not a few bad apples. It is the apple tree. And you cannot reasonably expect that interrogators in a torture culture will be the fastidious and well-meaning torturers that the liberal ideology fantasizes.[231]

Die Verteidigungsstrategie des Militärs, die Folterungen von Abu Ghraib seien nicht systematisch bei Verhören angewendet worden, sondern seien nur das Ergebnis missgeleiteten Handelns einiger Soldaten der unteren Ränge gewesen,[232] verstellen den Blick darauf, dass die Foltervorkommnisse von Abu Ghraib zeitlich nach der juristischen Positionierung einer Ablehnung der Genfer Konventionen und der Neudefinition des Folterbegriffs, wie sie besonders in den Memoranden des Jahres 2002 zum Ausdruck kommen, geschehen sind. Jeremy Waldon merkt dazu an:

> [T]hese abuses have been taking place not just in the fog of war, but against a legal and political background set by discussions and memoranda back and forth among lawyers and other officials in the White House and the Defense Department about how to narrow the meaning an applicability of

---

228 Frey 1252.

229 Danner 217-224.

230 Luban 37.

231 Luban 51.

232 womit die Folter ebenfalls nicht zu rechtfertigen wäre gemäß Antifolterkonvention Artikel 1, Absatz 3: "an order from a superior officer or a public authority may not be invoked as a justification of torture."

> domestic and international legal prohibitions relating to torture.[233]

Wie werden diese Foltermemoranden, die Stephen Gillers schlicht als „a badly done legal analysis"[234] bezeichnet, nun bei Folterbefürwortern und Foltergegnern im Vergleich beschrieben? Heather MacDonald hat die Bedeutung der Foltermemoranden für die Folterungen in Abu Ghraib heruntergespielt, indem sie behauptete, das Militär habe keine Kenntnisse über die Arbeit des Justizministeriums gehabt.[235] Die meisten anderen Debattenteilnehmer setzen sich stärker mit den vom Justizministerium verfassten Memoranden auseinander. In dem Artikel „Rethinking the Geneva Conventions" sprechen sich die beiden Autoren, Lee A. Casey und David B. Rivkin Jr, gegen die Gültigkeit der Genfer Konventionen gemäß des Memorandums vom 9. Januar 2002 bei der Internierung von potenziellen islamistischen Terroristen aus.

Bereits in den ersten Sätzen wird die Argumentation der Gegenseite aufgegriffen und ihr dabei mangelnde Realitätsnähe und irrationale Aufgeregtheit vorgeworfen:

> It's hard to talk sense about the Geneva Conventions. They are Scripture for human rights activists - quite simply 'the basis' of international humanitarian law.[236]

Durch diese übertriebene, polemische Darstellung der Überzeugungen von Menschenrechtsaktivisten wird vermieden, die Genfer Konventionen in einen völkerrechtlichen Gesamtkontext einzubetten, der unter anderem durch die Antifolterkonvention und den Internationalen Pakt über bürgerliche und politische Rechte grundsätzlich eine menschenwürdige Behandlung seitens des Staates verlangt, egal ob es sich um Kriegs- oder Friedenszeiten handelt.[237]

Die Genfer Konventionen verlangen einen Menschenrechtsschutz nur in einem konkreten Fall, nämlich, in dem eines Krieges, und sind damit bei Weitem nicht der einzige völkerrechtliche Text, auf den sich Foltergegner beziehen. Casey und Rivkin sehen die Genfer

---

233 Waldron 3.

234 Stephen Gillers, „Legal Ethics: A Debate," *The Torture Debate in America*, ed. Karen J. Greenberg (Cambridge: Cambridge UP, 2006) 239.

235 MacDonald 84.

236 Casey und Rivkin 203.

237 Antifolterkonvention, Artikel 1, Absatz 2: „No exceptional circumstances whatsoever, whether a state of war or a threat of war, internal political instability or any other public emergency, may be invoked as a justification of torture."

Konventionen als nutzlos an, da sie in ihrer sechzigjährigen Gültigkeit die amerikanischen Streitkräfte nur sehr unzureichend geschützt und damit ihren Daseinszweck verfehlt hätten.

Sie fordern die Reziprozität als Regel für bewaffnete Konflikte, in die die Vereinigten Staaten verwickelt sind. Aus diesem Reziprozitätsgedanken folgt eine Abwendung von internationalen Abkommen, die Konfliktfälle verrechtlichen. Internationales Recht wird als machtlos und für Amerikas Konflikt mit der Al Quaida als nicht brauchbar angesehen. Zudem wären die Genfer Konventionen in der Vergangenheit keine Abschreckung oder Disziplinierung für aggressive Staaten gewesen:

> Certainly, the highly speculative possibility of a later ‚war crimes' prosecution has rarely, if ever, deterred unscrupulous or brutal enemies from ignoring the Geneva Conventions.[238]

Casey und Rivkin verfolgen die Strategie, die auch MacDonald und McCarthy angewendet haben, indem sie Menschenrechtsaktivisten und das Internationale Rote Kreuz als realitätsferne Idealisten bezeichnen:

> Human rights activists and the International Committee of the Red Cross (ICRC), which takes an absolutist position against reciprocity, considering it forbidden in all circumstances, certainly would decry this policy.[239]

Außerdem werfen sie ihnen vor, dass sie die Selbstverteidigung Amerikas nicht als ebenbürtige humanitäre Maßnahme anerkennen. Als nächsten Schritt ziehen die Autoren einen historischen Vergleich zu dem Koreakrieg von 1950 bis 1953, um die Wertlosigkeit der Genfer Konventionen zu demonstrieren. Sie werfen damit den historischen Erzfeind Amerikas, den Kommunismus, in die Diskussion, um den mangelnden Schutz für amerikanische Kriegsgefangene vor skrupellosen Staaten, die die Konventionen nicht beachten, zu verdeutlichen.

Grundsätzlich sollte man zu den Genfer Konventionen bedenken, dass es sich kontrovers diskutieren lässt, ob sich alle ihre Artikel auf einen „asymmetrischen" internationalen Konflikt anwenden lassen. Außer Frage steht jedoch die Geltung des gemeinsamen Art. 3 der Konventionen, nachdem in jedem bewaffneten Konflikt ein humani-

---

238 Casey und Rivkin 205.

239 Casey und Rivkin 204.

täres Mindestmaß bei der Kriegsführung garantiert werden muss.[240] David D. Caron behandelt in seinem Artikel die Verwischung von juristischer und politischer Terminologie, die ein grundsätzliches Charakteristikum der Memoranden des Justizministeriums seit 2002 darstellt. Aus politischen Gründen wurde im „Krieg gegen den Terror" nicht nur der Folterbegriff umgedeutet, sondern auch damit verwandte völkerrechtliche Definitionen. Carons Artikel „If Afghanistan Has Failed Then Afghanistan Is Dead: 'Failed States' and the Inappropriate Substitution of Legal Conclusion for Political Description" behandelt die Anwendung der sogenannten „failed state"-Doktrin auf Afghanistan, die ihm zufolge auf keiner Rechtsgrundlage fußt, sondern allein eine Hilfskonstruktion der US-Regierung ist, um ihre politischen Entscheidungen untermauern zu können. Carons Beitrag ist wichtig für eine grundsätzliche Charakterisierung des aktuellen Umgangs der US-Regierung mit völkerrechtlichen Grundlagen. Er bezieht sich in seiner Argumentation auf das Memorandum vom 9. Januar 2002 "Application of Treaties and Laws to al Quaida and Taliban Detainees", verfasst von John Yoo und Robert J. Delahunty.[241]

Was sind die Charakteristiken eines „failed state" nach der Definition der Völkerrechtslehre? Hobe und Kimminich zählen dazu Folgendes: Wenn ein Staat etwa wegen interner Konflikte nicht mehr alle für ihn konstituierenden Merkmale aufweist, er unregierbar ist und es ihm folglich an einem Gewaltmonopol fehlt, spricht man von einem „failed state."[242] Jüngste Beispiele hierfür sind mehrere afrikanische Staaten, wie Liberia, Somalia und Ruanda, außerdem Kambodscha und der Libanon.

Nach David D. Caron hat Afghanistan unter den Taliban solche Merkmale nicht aufgewiesen. Das Regime unterdrückte zwar die Bevölkerung, war jedoch keine „Staatsruine".[243] Man hätte also den Einmarsch nach Afghanistan begrifflich anders legitimieren müssen, jedenfalls nicht mithilfe des Begriffs des „failed state".

Trotz seiner rationalen Argumentationsweise lässt sich David D. Caron nicht davon abhalten, in den letzten Sätzen seines Kapitels die Gegenseite zu beschimpfen:

---

240 Herdegen 367.

241 Yoo und Delahunty 38-79.

242 Hobe und Kimminich 102-103.

243 Hobe und Kimminich 103.

> It [the failed state doctrine] was both dead wrong and deeply unwise. The purpose of this essay has been to make clear how unsupported and unwise the doctrine was, and remains.[244]

Caron verwendet für eine juristische Argumentation eine ungewöhnlich emotionale Sprache, die in der Folterdebatte häufiger vorkommt und beispielsweise auch bei Heather MacDonald zu finden ist. Die brisanten Fragen nach der angemessenen Arbeit der juristischen Verfasser der Foltermemoranden liefern so auch die Grundlage für einen intellektuellen Schlagabtausch zwischen zwei Juristen, Jeffrey Shapiro und Stephen Gillers. Jeffrey K. Shapiros Artikel, eine Art „refutation by wit",[245] ist eine Antwort auf die Kritik von Stephen Gillers an der juristischen Beratung der US-Regierung durch das OLC. Shapiro fasst Gillers' Artikel wie folgt zusammen:

> Gillers then gravely reports on the great undertaking to unravel the role of these lawyers in providing legal cover for the would-be torturers in the Bush administration.[246]

Er zieht damit den Vorwurf einer juristischen Legitimierung von Folter in Zusammenhang mit dem undurchsichtigen Entscheidungsprozess des OLC über die Anwendbarkeit der Genfer Konventionen ins Lächerliche und ironisiert die Aussagen von Gillers: „An air of mystery wafts through his narrative."[247] Als Kontrast hierzu beschreibt Shapiro die Arbeit des OLC als transparent und rechtlich abgesichert, auch wenn Shapiro selbst, wie er schreibt, persönlich zu einer anderen juristischen Meinung gelangt wäre. Durch diese betont demütige Haltung hat seine Argumentation die Wirkung einer objektiven Betrachtungsweise, die sich an Fakten und nicht an Vermutungen hält. Direkt in den einleitenden Sätzen macht er seinen Anspruch auf eine realistische Betrachtungsweise innerhalb seiner Argumentation deutlich:

> I believe that Professor Gillers' position is demonstrably ill-informed and without merit. In the discussion below, I will

---

244 David D. Caron, „If Afghanistan Has Failed, Then Afghanistan Is Dead: 'Failed States' and the Inappropriate Substitution of Legal Conclusion for Political Description," *The Torture Debate in America*, ed. Karen J. Greenberg (Cambridge: Cambridge UP, 2006) 220.

245 Corbett 305.

246 Shapiro 232.

247 Shapiro 232.

> present the factual background necessary to fairly judge OLC's work on Geneva.[248]

Folgerichtig beschreibt Shapiro die Argumentation von Gillers, durch die Absprechung des Schutzes durch die Genfer Konventionen seien Internierte einem rechtsfreien Raum ausgesetzt, als Fantasiegebilde: „That is a fictional description of the OLC memorandum."[249] Er weist auf die Antifolterkonvention hin, die hier Schutz bieten würde, da sie sowohl für Friedens- wie für Kriegszeiten gelte. Er geht jedoch nicht auf die praktische Politik der US-Regierung ein, die schließlich auf juristischen Grundlagen basiert, die empirisch nachweisbare Folter mit sich gebracht hat. Dieser Neuheit in der politischen Praxis, wie sie von Gillers beschrieben wird, stellt er eine juristische Kontinuität entgegen, in der das Memorandum über die Anwendbarkeit der Genfer Konventionen nur eines unter vielen veröffentlichten Memoranden darstellt: „There is nothing at all special or distinctive about the Geneva memoranda in this regard."[250]

Stephen Gillers' Artikel, „Legal Ethics: a Debate", ist die direkte Antwort auf Jeffrey K. Shapiros Kritik an der Veröffentlichung „Tortured Reasoning" des Foltergegners in der Zeitschrift *The American Lawyer*. Gillers antwortet Shapiros ironischem Beitrag mit einer Rhetorik der Ernsthaftigkeit: „Mr. Shapiro is dangerously wrong"[251] und erneuert seine Kritik an der Arbeit der Juristen des OLC.

David K. Bowker behandelt in seinem Artikel „Unwise Counsel: The War on Terrorism and the Criminal Mistreatment of Detainees in U.S. Custody" die Rolle des OLC in Bezug auf die Politik der US-Regierung, Internierte zu misshandeln und argumentiert ähnlich wie Stephen Gillers. Er zitiert lange Passagen aus Reden des US-Präsidenten sowie seines Verteidigungsministers über die Vorgehensweise im Krieg gegen Terror. Bowkers Artikel ist somit für die Einordnung der juristischen Debatte in die politischen Umstände elementar. Am 17. September 2001 ließ Präsident Bush bei einem Besuch im Pentagon die U.S. Armed Forces Folgendes wissen: „[W]e're going to find those who – those evil-doers, those barbaric people who attacked our country and we're going to hold them accountable."[252] Diese Aussagen in Bezug auf das kulturell Fremde

---

248 Shapiro 229.

249 Shapiro 233.

250 Shapiro 234.

251 Gillers 238.

252 Bush Zit. in. David W. Bowker, „Unwise Counsel: the War on Terrorism and the Criminal Mistreatment of Detainees in U.S. Custody," *The Tor-*

finden sich in deutlicher Weise in Heather MacDonalds Artikel wieder, der auch der Strategie einer patriotischen Rhetorik folgt. Elemente ihrer polemischen Sprache sind ebenfalls in der Rede von Präsident Bush enthalten:

> But we're going to smoke them out. And we're adjusting our thinking to this new type of enemy [...] it's a new type of war, it's going to take a long time to win this war ... to get them running and find them and hunt them down.[253]

Diese Sätze dienen zudem jenen Juristen, die an der Folterdebatte teilnehmen, als Bezugspunkt um die Gültigkeit der Genfer Konventionen beim Kampf gegen den internationalen Terrorismus ablehnen zu können. Grundsätzlich stellt sich die Frage, ob sich hier schon die veränderte Vorstellung von Gerechtigkeit zeigt, wie auch die Rede des Vizepräsidenten Cheney vom Oktober 2001 zeigt:

> We must and we will use every means at our disposal to ensure the freedom and security of the American people ... When you think of ... the merciless horror inflicted at the World Trade Center, no punishment for the terrorist seems too harsh ... [I]n dealing with the terrorists themselves, we will be relentless and they will come to understand the meaning of justice.[254]

Während Bowker keine persönlichen Namen der politischen Führung nennt, erwähnt er diese bei deren juristischen Beratern, Alberto Gonzales oder David Addington,[255] vermutlich um dadurch verstärkt die Aufmerksamkeit auf sie zu lenken, die sonst namentlich weniger in den Medien erscheinen. Er charakterisiert die juristischen Berater als „ideologically-aligned, politically-appointed“[256] und spricht ihnen damit ihre juristische Unabhängigkeit bei der politischen Beratung ab. Er erwähnt nicht nur Mitarbeiter des OLC, sondern auch anderer Behörden, wie WH Counseln, VP Counsel, DoD/GC.[257] Sie argumentierten laut Bowker gezielt für rechtsfreie Räume im Krieg gegen den Terror: „They were intent, it seems, on minimizing or avoiding the rule of law in this new war.“[258] Durch

---

ture Debate in America, ed. Karen J. Greenberg (Cambridge: Cambridge UP) 183.

253 Bush Zit. in Bowker 183.

254 Cheney Zit. in Bowker 184.

255 Bowker 184.

256 Bowker 184.

257 Bowker 185.

258 Bowker 185.

Bowkers Argumentation wird deutlich, wie sehr die juristische Arbeit der Mitarbeiter des OLC politisch instrumentalisiert wurde.

Wichtig für die Einschätzung der Memoranden ist außerdem die Frage, ob die von der US-Regierung geprägte und von der juristischen Argumentation der Folterdebatte übernommene Einschätzung des Kampfes gegen den internationalen Terrorismus als Krieg gemäß dem Begriff „war on terror" gerechtfertigt ist. Was versteht man unter einem „Krieg"? Hobe und Kimminich schreiben hierzu:

> ‚*Krieg* ist [...] ein zwischenstaatlicher Gewaltzustand zwischen zwei oder mehreren Staaten, unter Abbruch der friedlichen Beziehungen' [...] Das in der Definition enthaltene Attribut ‚völkerrechtlich' deutet auf zweierlei hin: 1. Der Krieg ist ein Rechtszustand; keineswegs gilt der Grundsatz inter arma silent leges (im Waffenlärm schweigen die Gesetze) oder ‚Not kennt kein Gebot'. 2. Da es sich um einen völkerrechtlichen Zustand handelt, muss er auf der zwischenstaatlichen Ebene liegen. [...] Nach dem Zweiten Weltkrieg hat sich in internationalen Abkommen wie auch in der Völkerrechtslehre der Ausdruck (internationaler) bewaffneter Konflikt anstelle des juristisch kaum fassbaren Begriffs ‚Krieg' durchgesetzt.[259]

Da der Begriff „bewaffneter Konflikt" sich etwa womöglich auch auf den internationalen Kampf gegen das international operierende organisierte Verbrechen beziehen könnte, der im Wesentlichen mit polizeilichen Methoden geführt wird, stellt sich die Frage, ob man nicht in gleicher Weise gegen islamistische Terroristen vorgehen sollte.

Zu dieser Frage, ob Al-Quaida-Terroristen nach üblichen Methoden der Strafverfolgung belangt werden sollten, äußert sich William H. Taft IV. Juristische Strafverfolgung reicht ihm in seinem Artikel „War Not Crime" nicht aus, um Al Quaida-Terroristen zu bekämpfen.[260] Die Methoden der Al Quaida seien nicht verbrecherisch, sondern kriegerisch, man könne ihnen also auch nur mit Mitteln des Krieges antworten.[261] Islamistische Terroristen fielen nicht unter den Schutz der Genfer Konventionen, würden jedoch trotzdem einen gewissen rechtlichen Schutz genießen. Taft versucht hier zu vermitteln, dass er im Gegensatz zu Folterbefürwortern die Kritik des

---

259 Hobe und Kimminich 499.

260 William H. Taft, „War Not Crime," *The Torture Debate in America*, ed. Karen J. Greenberg (Cambridge: Cambridge UP, 2006) 224.

261 Taft 224.

Internationales Roten Kreuzes an der Internierungspraxis ernst nimmt.[262] Die Internierung von dieser Art von Kriegsgefangenen hält er jedoch für rechtens und spricht dem Supreme Court hier die Kompetenzen für das Schicksal der Internierten ab, da allein das Militär für sie verantwortlich sei. In Bezug auf Guantánamo schreibt er:

> Errors occur in war, of course, and often with tragic consequences, but it is hard not to think that providing an individualized determination of each individual's status at the time of capture rather than waiting until the Supreme Court required this years later would have increased public support both at home and abroad for detaining enemy combatants while the war with al Quaida continues.[263]

In Bezug auf die Einschätzung des Konfliktes mit Al Quaida plädiert er für den Gebrauch des Kriegsbegriffes innerhalb des Diskurses der amerikanischen Folterdebatte.

Wichtig in der Diskussion um die Memoranden, die im Rahmen des „Kriegs gegen den Terror" verfasst wurden, ist die brisante Neuformulierung des Folterbegriffs im Foltermemorandum vom 1. August 2002, verfasst von Jay Bybee. David Luban sieht in der Rechtfertigung von Folter durch Juristen ein Beispiel dafür, wie schnell sich eine generelle Folterkultur etablieren kann:

> They [the OLC lawyers] illustrate as graphically as any group how quickly and easily a secret culture of torture supporters can emerge even in the heart of a liberal culture.[264]

Angesichts der internationalen Konventionen ist es für ihn erschreckend, festzustellen, wie Juristen sich für illegale Methoden, wie die Folter, aussprechen können und damit skrupellos ihr eigenes Berufsethos ad absurdum führen:

> Given this mass of law, it is startling to find groups of lawyers marching in near lock-step into a brave new world of legally sanctioned official torture. It is particularly startling because the legal arguments they use are, in conventional professional terms, awful.[265]

---

262 Taft 227.

263 Taft 226.

264 Luban 52.

265 Luban 52.

Er folgert daraus, dass die Memoranden vom 9. Januar und 1. August 2002 aus einer politischen Notwendigkeit heraus entstanden sein müssen, da sie juristisch nicht zu vertreten seien:

> None of these memoranda and reports was produced in a vacuum. According to Kenneth Roth, the Executive Director of Human Rights Watch, the initial OLC memos on whether the Geneva Conventions apply were written ,in response to a request from the CIA to the White House counsel saying please give us guidance on the kind of interrogation we can do.' Specifically, the CIA wanted approval to waterboard Abu Zubaydah, the first top Al Quaida leader in US. Custody.[266]

Luban diskutiert die vorgesehene Rolle des Präsidenten als Exekutive in dem Foltermemorandum vom 1. August 2002. Wichtig hierfür ist folgende Textstelle des Memorandums:

> We conclude that customary international law, whatever its source and content, does not bind the President, or restrict the actions of the United States military, because it does not constitute federal law recognized under the Supremacy Clause of the Constitution.[267]

Luban nennt diese Ausführungen polemisch: "a constitutional distortion"[268] und erwähnt außerdem die damit verbundene, ungesetzmäßige Entmachtung des Congresses. Laut Dworkin wird die Stellung des Präsidenten als Oberbefehlshaber dazu benutzt, um das internationale Recht zu umgehen und foltern zu können.[269] Luban verfolgt hier eine klassische juristische Rhetorik, „a rhetoric of certainty,"[270] um seinen Argumenten Gewicht zu verleihen. Laut Luban kann bei dem Foltermemorandum vom 1. August 2002[271] nicht mehr von einer klassischen juristischen Argumentation gesprochen werden:

> What makes the Bybee Memo jarring by conventional legal standards is that in its most controversial sections, it barely goes through the motions of standard legal argument. In-

266 Luban 53.

267 Yoo und Delahunty 39.

268 Luban 67.

269 Ronald Dworkin, *Is Democracy Possible Here?: Principles for a New Political Debate* (Princeton: Princeton UP, 2006) 25.

270 Gewitz 13.

271 Bybee 317-361.

> stead of addressing and rebutting the obvious arguments against its conclusions, it elects not to mention them.[272]

Dies gilt insbesondere für die Definition von Folter, die nicht mehr der völkerrechtlichen Definition entspricht.

V.2 Die „Außergewöhnlichkeit" des islamistischen Terrorismus und rechtsfreie Räume

„Torture is a grotesque piece of compensatory drama"[273]

Jane Mayer hat in ihrem Artikel "Outsourcing Torture: The Secret History of America's ‚Extraordinary Renditions' Program", erschienen in *The New Yorker*[274] die Praxis der sog. „extraordinary renditions" beschrieben, wonach Verdächtige von der CIA entführt und in ein Gefängnis eines Landes überstellt werden, das Folter routinemäßig praktiziert. Ein besonderer Fall in diesem Zusammenhang ist Guantánamo, das als militärisch besetztes Gebiet der Vereinigten Staaten gilt, nicht jedoch zum Kernland der USA zählt. Durch diese Politik wird versucht, amerikanische Rechtsprechung zu umgehen, um in sogenannten Geheimgefängnissen, in einer Art rechtsfreiem Raum, operieren zu können. Die US-Regierung rechtfertigt diese Praxis mit der „außergewöhnlichen" Gefährlichkeit der islamistischen Terroristen. Wie wird mit der „Außergewöhnlichkeit" des islamistischen Terrorismus und der Praxis von rechtsfreien Räumen in der juristischen Debatte umgegangen?

Andrew McCarthy nennt den islamistischen Terrorismus „a subnational force of international scope, with access to weapons of unfathomed destructive power."[275] Bei der Besprechung der Diskursstrategien der Folterbefürworter wurde deutlich, dass sowohl Heather MacDonald als auch Alan Dershowitz den islamistischen Terrorismus für „außergewöhnlich" halten. Heather MacDonald begründete dies mit der extrem barbarischen Grausamkeit der islamistischen Terroristen. Diese Annahme wurde von Roger Willemsen in Bezug

---

272 Luban 56.

273 Holmes 130.

274 Jane Mayer, „Outsourcing Torture: The Secret History of America's 'Extraordinary Renditions' Program," *The New Yorker* (14. Februar 2005) http://www.newyorker.com/archive/2005/02/14/050214fa_fact6 (20.02.2008).

275 McCarthy 99.

auf Guantánamo als „Mythos von Guantánamo als Hort islamistischer Gewalt"[276] beschrieben.

Wie in der Einleitung erwähnt, befindet sich unter den in zahlreichen Lagern Internierten eine große Zahl an Unschuldigen, die hier nicht bedacht werden. Demgegenüber begründete Alan Dershowitz die „Außergewöhnlichkeit" des islamistischen Terrorismus kriegsstrategisch, da es mit einer staatsunabhängigen Organisation zu keinen endgültigen Friedensschlüssen kommen könnte: „[T]his war may never end"[277] Daraus leitete er sein Umdenken in der Folterfrage ab:

> „I am willing to think the unthinkable and move beyond the kind of conventional wisdom that has failed us up to now in our loosing battle against terrorism."[278]

Neben den mangelnden Beweisen für die Schuld vieler Inhaftierter („Bisher ist die US-Administration jeden Nachweis der Mittäterschaft eines der Guantánamo-Häftlinge an den Anschlägen vom 11.9. schuldig geblieben."[279]) bemerkt Joshua Dratel mithilfe eines historischen Vergleiches, dass es im 20. Jahrhundert schon mehrere „außergewöhnlich" gefährliche Mächte gegeben hat, die den Frieden wesentlich stärker bedroht hätten als die Al Quaida es gegenwärtig tue:

> Nor does Al Quaida present a military threat equal to Nazi Germany or the Japanese Empire in World War II, or the Soviet Union during the Cold War. Unlike Nazi Germany, al Quaida does not control Europe; unlike the Japanese during that period, al Quaida does not dominate Asia.[280]

Nach Alan Dershowitz soll demokratische Transparenz und Verrechtlichung von Folter zu große Gewaltexzesse bei Verhören verhinden:

> [It] seems logical that a formal, visible, accountable, and centralized system is somewhat easier to control than an ad hoc, off-the-books, and under-the radar-screen nonsystem.[281]

---

276 Willemsen 25.

277 Dershowitz *Why Terrorism Works* 6.

278 Dershowitz 13.

279 Willemsen 12.

280 Joshua Dratel, „The Curious Debate," *The Torture Debate in America*, ed. Karen J. Greenberg (Cambridge: Cambridge UP, 2006) 113.

281 Dershowitz 158.

Heather MacDonald hingegen war in ihrem Beitrag im Wesentlichen darum bemüht, Foltervorwürfe und die Kritik an der Nutzung von rechtsfreien Räumen durch die US-Regierung zu relativieren. Sie kreierte einen interessanten gedanklich rechtsfreien Raum, indem sie Foltervorwürfe, beispielsweise in Bezug auf Guantánamo, wie wir gesehen haben, als rein fiktiv beschreibt. Sie versucht damit der Folterdebatte einen anderen Diskurs aufzuzwingen, der den Gedanken, die US-Regierung würde systematisch Folterungn durchführen, von vornherein in dogmatischer Weise verbietet. An dieser Stelle könnte an Foucaults Einsicht erinnert werden:

> Der Diskurs mag dem Anschein nach fast ein Nichts sein – die Verbote, die ihn treffen, offenbaren nur allzu bald seine Verbindung mit dem Begehren und der Macht.[282]

Die politische Macht Amerikas, die mit dem 11. September geschwächt wurde, bleibt in der öffentlichen Meinung nur erhalten, wenn die von diesem Staat praktizierten Foltermethoden ins Reich der Fiktion verdrängt werden, wie es MacDonald verfolgt. Die Verdrängung von Folter im öffentlichen Bewusstsein dient der psychologischen Versicherung des patriotischen Ehrgefühls, während die ebenfalls praktizierte zweckrationale Haltung eine Ausübung von Folter befürwortet, um zukünftige Terroranschläge zu verhindern und damit die nationale Sicherheit Amerikas zu garantieren. Diese zweite Haltung wird jedoch nicht zugegeben und hinter der ersten versteckt, womit sich eine Doppelmoral innerhalb der Debatte ergibt.

Karen Greenberg sieht in dieser psychologisch bedingten Irrationalität eine mangelnde Akzeptanz des Justizsystems, dem nicht zugetraut wird, den Kampf gegen den internationalen Terrorismus bewältigen zu können:

> But the use of torture may indeed reveal a lack of trust in the legal system itself ... The war on terror and the prospect of an unknown enemy, viewed by public officials and the media as mythic and outside of known American experience, seems to call for a means of determining facts that supercedes the talents, skills, and professionalism of American lawyers, soldiers and intelligence officers.[283]

Die psychologischen Aspekte der Ausübung von Folter im Rahmen des Kriegs gegen den Terror beschreibt Stephen Holmes in seinem Beitrag „Is Defiance of Law a Proof of Success? Magical Thinking in

---

282 Foucault 11.

283 Greenberg 8.

the War on Terror" sehr ausführlich. Er möchte mithilfe eines historischen Vergleichs dieser gedanklichen Irrationalität entgegen treten und vergleicht das von den Amerikanern betriebene Internierungscamp Guantánamo Bay mit sowjetischen Lagern aus der Zeit des Kalten Krieges: „Guantánamo Bay is merely one internment facility in a worldwide archipelago of U.S.-administered detention centers."[284] Mit diesem historischen Vergleich eines Unrechtsregimes, dem kommunistischen Russland als ehemaligen Erzfeind der USA, versucht er das weltpolitische Handeln der USA in eine rationalere Perspektive zu rücken.

Seine grundsätzliche Feststellung ist eine Irrationalität in der Logik der Rechtfertigung solcher Lager, in denen gefoltert wird und in denen Internierte keinerlei Rechtsbeistand oder Kontakt zur Außenwelt genießen. Die politische Rhetorik der nationalen Selbsterhaltung dient der Legitimation, Werte, wie Menschenrechte, die von den Amerikanern als uramerikanischer Teil ihrer Verfassung und Nation propagiert werden, im Krieg gegen den Terror zu verletzen:

> The most paradoxical justification for what would otherwise be an odious violation of America's system of values is that such behaviour alone makes it possible to protect America's system of values.[285]

Die Annahme, dass Folter zum Schutz der amerikanischen Werte nötig sei, erklärt er als reflexhafte Vergeltungsmaßnahme:

> Torture is an emotionally satisfying (not useful) form of counterterrorism because it mirrors terrorism itself. [...] One is the way the United States, in the war on terror, mimics Osama bin Laden's 'holy war'.[286]

Die Arroganz islamistischer Dschihadisten, für ein größeres Ziel, einen größeren Gott als den christlichen zu kämpfen, wird von den Vereinigten Staaten nun ihrerseits reflektiert. Die US-Regierung legitimiert Folter, da sie damit in einer Art Exorzismus das Böse aus der Welt treiben will. Hier zeigt sich, wie sich religiöse Rhetorik zur Legitimation von Folter einsetzen lassen kann.

Das von Holmes aufgezeigte religiöse Argument, mit dem ein gewaltsames Vorgehen gegen islamistische Terroristen rechtfertigt werden soll, hat zusätzlich eine koloniale Färbung. Diese religiöse Argumentation impliziert, dass es einen Krieg zwischen westlichen

---

284 Holmes 118.

285 Holmes 118.

286 Holmes 132.

und östlichen Weltanschauungen um eine Vormachtstellung gibt. Holmes sieht die Befürwortung von Folter als Methode zur Wahrung der nationalen Sicherheit nicht als rational bedingt an. Sie stellt vielmehr eine magische Handlung dar: „torture is more of a magical-emotional than a rational-strategic response to 9/11."[287] In ähnlicher Weise argumentiert Karin Greenberg. Sie beschreibt Folter als Mittel einer Kriegsführung, die in modernen, technisch hoch ausgerüsteten Zeiten wieder eine persönliche Beziehung zwischen zwei Kriegsgegnern herstellt: „Torture has without a doubt enabled the act of war to be personal again."[288]

Um seine rationale Argumentation gegen die irrational bedingte Folter zu untermauern, beschreibt Holmes die drastischsten Ausmaße, die Folter in der Realität haben kann - den Tod. Bei mindestens zwanzig oder dreißig Gefangenen in US-Internierungslagern habe Folter zum Tod geführt. Holmes vergleicht die Unrechtmäßigkeit der CIA-Verhörmethoden mit der von extralegalen Hinrichtungen: „Cruel interrogation techniques are certainly no more incompatible with ordinary principles of legality than the policy of extrajudicial executions."[289] Er zeigt auf, dass Folter nicht den einzigen Rechtsbruch im Krieg gegen den Terror darstellt. Es gibt zudem das sog. „targeted killing", das Holmes als Maßnahme der extralegalen Hinrichtung versteht. US-Agenten besitzen die Lizenz, mutmaßliche Al Quaida-Mitglieder aufgrund von Gerüchten und dünnen Beweisen umzubringen.[290] Wie verhält sich dies zu geltendem Völkerrecht? Matthias Herdegen schreibt:

> Höchst umstritten ist, ob die gezielte Tötung (targeted killing) der Angehörigen bewaffneter nichtstaatlicher Organisationen mit humanitärem Völkerrecht vereinbar ist. Die Qualifikation von an Angriffen auf Streitkräfte und Zivilbevölkerung beteiligten Zielpersonen als geschützte Zivilpersonen ist auch insoweit zweifelhaft.[291]

Zusammenfassend ist zu betonen, dass Holmes mit dem sog. „targeted killing" neben der Folter einen weiteren rechtsfreien Raum aufzeigt.

Die Juristen, die diese US-Politik rechtlich rechtfertigt haben, werden von Holmes daher als „unprincipled servants of power" be-

---

287 Holmes 131.

288 Greenberg 5.

289 Holmes 118.

290 Holmes 119.

291 Herdegen 367.

schrieben[292], die rechtsfreie Räume möglich gemacht, und damit ihr eigenes Berufsethos verletzt haben. Im Folgenden vergleicht er die aktuelle Folter durch die Amerikaner mit den Folterpraktiken im antiken Rom und Athen. Privilegierte Bürger wurden im Altertum normalerweise nicht Opfer von Folter, dagegen wurden Fremde sowie Sklaven Objekt von besonders brutaler Misshandlung.[293] Holmes sieht in der amerikanischen Folterpraxis einen ähnlichen Umgang mit kulturell Fremden.

Der historische Vergleich der USA mit einem antiken Staat wie Rom, den Holmes praktiziert, ist eine sehr modische historische Parallele. Gemeinsamkeiten des römischen und des amerikanischen „Imperiums" sowie die Eigenschaft, eine gewisse Zeit eine Sklavenhaltergesellschaft gewesen zu sein, sind beliebte Vergleichspunkte. Der einerseits für Amerika schmeichelhafte Vergleich mit der (militärischen) Stärke dieses antiken Weltreichs, der beispielsweise durch Begriffe wie „Pentagon" für das Verteidigungsministerium auch politisch gewollt ist, erhält in diesem Zusammenhang jedoch einen archaisch-rückständigen Beigeschmack. Hier wird wieder deutlich, wie ambivalent einsetzbar historische Vergleiche sind. Grundsätzliche Gemeinsamkeiten der peinlichen Befragung eines vormodernen Staates in Bezug auf Verhörmethoden der technisch hoch ausgerüsteten CIA gegenüber kulturell Fremden aufzuzeigen, stellt den Glauben an die Fortschrittlichkeit der amerikanischen Kultur, wie sie Teil des amerikanischen Selbstverständnisses ist, auf den Kopf.

Die politische und patriotische Rhetorik der Folterbefürworter, die die schlechte Behandlung kulturell fremder Gefangener mit der Wahrung der nationalen Sicherheit rechtfertigen, kritisiert Ronald Dworkin, indem er in *DIE ZEIT* schreibt:

> Die Rede vom ‚neuen Gleichgewicht zwischen Sicherheit und Rechten' führt wahrlich in die Irre: Sie wägt unsere Sicherheit nicht gegen unsere eigenen Rechte ab, sondern gegen die Rechte anderer Menschen.[294]

Die Einteilung der Welt in Gut und Böse vermittelt ein Gefühl der Sicherheit in Zeiten der Bedrohung, wie Roger Willemsen schreibt:

---

292 Holmes 119.

293 Holmes 120.

294 Ronald Dworkin, „Amerika zerstört seine Selbstachtung: Die Lager in Guantánamo haben die Vereinigten Staaten weltweist in Verruf gebracht. Zu Recht", *DIE ZEIT* (07.Juli 2005) http://www.zeit.de/2005/28/Guantanamo?page=all (20.02.2008).

> Guantánamo ist ein Ort mit Schauerwert, ein kathartischer Ort mit quasi ‚hygienischer' Bedeutung für eine Öffentlichkeit, die nach Jahren der amerikanischen Bombardements in Afghanistan und im Irak ohne Schuldige, Verantwortliche, Täter einen Ort braucht, auf den sie weisen kann: Dort sitzen die Verantwortlichen.[295]

Wegen dieser psychologisch bedingten irrationalen Wahrnehmung einer „außergewöhnlichen" Gefahr durch den islamistischen Terrorismus fordert Karen Greenberg eine Rückbesinnung auf rationale Handlungsweisen:

> Ultimately, what the practice of torture at American hands in the wake of 9/11 tells us is not that human beings are potentially evil, but that they are missing the trust in self, and the intellectual tools of analysis and understanding that lead easily to reason and the rule of law.[296]

Mit der Argumentation für rechtsfreie Räume hat sich auch eine sprachliche Intransparenz bei der Beschreibung mancher Foltermethoden durchgesetzt. Euphemismen, wie „extraordinary renditions" für „enforced disappearances" wurden in der Einleitung schon angesprochen. Sowohl die besprochene Vermeidung des Begriffes „Folter" bei Heather MacDonald wie auch die Verwendung des Begriffs „stress methods" scheint landläufig verwendet zu werden, wenn man das Vokabular der verdächtigen Soldaten von Abu Ghraib betrachtet:

> Consider the chilling words of Sgt. Ivan Fredericks, one of the Abu Ghraib suspects, who recalled a death by CIA interrogation that he witnessed: "They stressed the man out so bad that he passed away.[297]

Ein weiteres Beispiel sprachlicher Intransparenz ist die in den Medien heiß diskutierte Debatte um das sogenannte „waterboarding". Traditionell als „water torture" umschrieben, wie in dem Kapitel über historische Vergleiche aufgezeigt wurde, wird nun gegenwärtig diskutiert, ob der Folterbegriff für diese Methode stimmig ist. Heather MacDonald, wie bereits erwähnt, versuchte hier, den Folterbegriff zu umgehen („Water-boarding .... arguably ... crosses the line into torture."[298]) Zur Definition von „waterboarding", dem neu-

---

295 Willemsen 12.

296 Greenberg 8.

297 Luban 48.

298 MacDonald 92.

en Begriff für Formen der „Wasserfolter" ist die Beschreibung von Evan Wallach sachdienlich:

> That term is used to describe several interrogation techniques. The victim may be immersed in water, have water forced into the nose and mouth, or have water poured onto material placed over the face so that the liquid is inhaled or swallowed. The media usually characterize the practice as 'simulated drowning.' That's incorrect. To be effective, waterboarding is usually real drowning that simulates death. That is, the victim experiences the sensations of drowning: struggle, panic, breath-holding, swallowing, vomiting, taking water into the lungs and, eventually, the same feeling of not being able to breathe that one experiences after being punched in the gut. The main difference is that the drowning process is halted. According to those who have studied waterboarding's effects, it can cause severe psychological trauma, such as panic attacks, for years.[299]

Evan Wallach weist in seiner Definition auf zentrale Probleme des öffentlichen Diskurses in Bezug auf „waterboarding" hin. Die Medien, sowie manche Folterbefürworter folgen der Rhetorik des US-Justizministeriums, indem sie von „waterboarding" und nicht von „water torture" sprechen. Mit der gängigen Beschreibung von „waterboarding" als „simuliertem" Ertrinken und nicht als tatsächlich erlebtes Ertrinken, kann die Grausamkeit dieser Verhörmethode heruntergespielt werden. Scott Horton sieht in ihr eine kriminelle Handlung und als solche solle sie in dem Diskurs über Folter auch bezeichnet werden:

> There is no respectable opinion that can hold waterboarding legal. It is criminal depravity. When we allow its justification as an article of polite conversation, we deal our society and its values a potentially mortal wound.[300]

Jenseits von irrationalen Überzeugungen und sprachlichen Spitzfindigkeiten hat ein Argument für die Folter in rechtsstaatlichen Diskursen besonderes Gewicht. Dieses soll Gegenstand des nächsten Kapitels sein.

---

299 Evan Wallach, "Waterboarding Used to be a Crime," *washingtonpost.com* (4. November 2007) http://www.washingtonpost.com/wp-dyn/content/article/2007/11/02/AR2007110201170_pf.html (20.02.2008).

300 Scott Horton, „The Justice Department's Culture of Torture," *Harper's Magazine* (6. November 2007) http://harpers.org/archive/2007/11/hbc-90001606

V.3 Die Folterdebatte und das naturrechtliche Rechtsverständnis - der „ticking bomb"-Fall

„I believe that the ticking time-bomb is the picture that bewitches us." [301]

Gibt es eine Ausgangslage, in der mit moralischen Argumenten, demnach im Rahmen des naturrechtlichen Rechtsverständnisses, für Folter argumentiert werden kann? Hier wird häufig auf die sogenannte „ticking bomb"-Situation, im Deutschen der Fall der sog. „Rettungsfolter" verwiesen. Wie dieser Fall im Rahmen der amerikanischen Folterdebatte diskutiert wird, erfordert zwingend eine Analyse.

Alan Dershowitz spielt ein „ticking bomb" Szenario durch. Er nimmt für sein Gedankenexperiment ein sehr eindrucksvolles und gut ausgewähltes Beispiel: Was wäre gewesen, wenn die amerikanischen Sicherheitsbehörden mit dem Inhaftierten Zacarias Moussaoui anders umgegangen wären?[302] Hätte der 11. September verhindert werden können? Problematisch an dieser Argumentation ist, dass es keinerlei statistisch auswertbare Untersuchungen gibt, die etwas über den Erfolg von Folterungen von Terroristen oder Entführern aussagen, da es stets Ausnahmefälle sind. Den Gedankengang einer nichttödlichen Folter zu Rettungszwecken hatte auch der Frankfurter Polizeivizepräsident Wolfgang Daschner im Entführungsfall des elfjährigen Bankierssohnes Jakob von Metzler, als die dem Polizeirecht gemäße Verhörung des Verdächtigen Magnus Gäfgen keinen Erfolg hatte. Hier ein kurzer Ausschnitt aus seinen Notizen:

> Zur Rettung des entführten Kindes habe ich angeordnet, dass G. - nach vorheriger Androhung - unter ärztlicher Aufsicht - durch Zufügung von Schmerzen (keine Verletzungen) erneut zu befragen ist. Die Feststellung des Aufenthaltsortes des entführten Kindes duldet keinen Aufschub; insoweit besteht für die Polizei die Pflicht, im Rahmen der Verhältnismäßigkeit alle Maßnahmen zu ergreifen, um das Leben des Kindes zu retten. Parallel dazu wurde der Polizeiführer Mü. beauftragt, zu prüfen, ob ein ‚Wahrheitsserum' beschafft werden kann. Die Befragung des G. dient nicht der Aufklärung der Straftat, sondern ausschließlich der Rettung des Lebens des entführten Kindes.[303]

---

301 Luban 45.

302 Dershowitz 143.

303 Daschner Zit. in. Wagenländer 21.

Unter der Androhung der Zufügung von Schmerzen sagte Magnus Gäfgen aus, Jakob von Metzler schon einige Tage zuvor getötet zu haben und teilte den Aufenthaltsort der Leiche mit. In einem solchen Fall der Rettungsfolter, wie sie Dershowitz anhand eines Terroranschlags diskutiert, bei dem Tausende von Amerikaner gefährdet sind, kommt er zu folgendem Ergebnis:

> The simple cost-benefit analysis for employing such nonlethal torture seems overwhelming: it is surely better to inflict nonlethal pain on one guilty terrorist than to permit a large number of innocent victims to die. Pain is a lesser and more remediable harm than death; and the lives of a thousand innocent people should be valued more than the bodily integrity of one guilty person.[304]

Wie ist diese Aussage zu bewerten? Die Argumentation von Dershowitz kann in eine utilitaristische Einschätzung der Folterfrage eingeordnet werden, da er gegen ein absolutes Folterverbot in allen Ausgangslagen und zugunsten einer unabhängigen Fallentscheidung argumentiert. R. G. Frey schreibt zur Folterbewertung der Utilitaristen:

> Torture is proscribed absolutely, and this is the consequentialist utilitarians cannot typically endure. For while they accept that torture is an assault upon human dignity and is nearly always wrong, they do not accept, a priori, that circumstances could never arise in which torture was right. They almost certainly will estimate the probability of such circumstances arising as very slight indeed; but even this is typically enough to make them demur at an *absolute* prohibition. Of course, some utilitarians today, on grounds of utility, build in their theories rules or principles that bar direct appeals to consequences on a case-by-case basis.[305]

Folter ist jedoch ein massiver Eingriff in die Menschenwürde und damit genauso ein moralisches Problem wie ein terroristischer Anschlag. Wie kann Dershowitz die Menschenwürde in seine Folterbefürwortung integrieren? Er schreibt:

> Human rights organizations that try to quantify abuses or ‚rank' or ‚grade' countries by reference to specific ‚objective' criteria often miss the important qualitative difference. Yet it

---

304 Dershowitz 144.

305 R. G. Frey, „Torture," *Encyclopedia of Ethics*, Band 2, ed. Lawrence C. Becker und Charlotte B. Becker (New York : Garland 1992) 1253.

> is apparent to those who spend time in various countries around the world.[306]

Problematisch bei seiner Argumentation ist, dass die Geltung von „objektiven" Menschenrechten abgesprochen wird, obwohl sie in dieser Form von den meisten Staaten der Welt mit der Allgemeinen Erklärung der Menschenrechte unterschrieben wurden, ebenso von den Vereinigten Staaten, die sie gewissermaßen auch als „Gründungsmythos" patriotisch reklamieren. Steht Dershowitz mit der Aussage, es gäbe keine „objektiven" menschenrechtliche Kriterien, abgesehen von der Befürwortung von Folter „lite" in gewissen Fällen, nicht definitiv abseits des menschenrechtlichen Diskurses? Anstatt objektiver Kriterien nennt er die Formulierung „feel for freedom"[307], die für ihn das Unterscheidungsmerkmal zwischen moralischen und amoralischen Staaten darstellt. Als Beispiel nennt er den Staat Israel, der trotz Einschränkungen der Menschenrechte dieses Gefühl der Freiheit bewahrt und seinen Staatsbürgern vermittelt hätte.[308] Dieser Begriff ist jedoch wenig griffig, da er kaum Inhalt transportiert.

Wie sehen die Foltergegner nun dieses „ticking bomb"-Argument? David Luban betrachtet in seiner Argumentation das „ticking bomb"-Konzept weniger als moralisches Argument, sondern als rhetorische Waffe. Die „ticking bomb"-Ausgangslage sei eine Art Totschlagargument der Folterbefürworter, die linksliberale Foltergegner damit in ein moralisches Dilemma treiben wollten. Im Rahmen seiner These, es könne eine „liberale Folterideologie" entstehen,[309] verweist er auf psychologische Rechtfertigungsstrategien, die Liberale, wenn sie sich für Folter aussprechen, anwenden:

> It [the ticking time-bomb scenario] makes us see the torturer in a different light, one of the essential points in the liberal ideology of torture, because it is the way that liberals can reconcile themselves to torture even while continuing to 'put cruelty first.' Now, he is not a cruel man or a sadistic man or a coarse, insensitive brutish man. Now the torturer is a conscientious public servant, heroic the way that New York firefighters were heroic, willing to do desperate things only be-

306 Dershowitz 128.

307 Dershowitz 127.

308 Dershowitz 127.

309 Luban 36.

> cause the plight is so desperate and so many innocent lives are weighing on the public servant's conscience.[310]

Eine Umdeutung realer Folter zugunsten narrativer Heldengeschichten erweist sich hier als psychologischer Trick. Ähnlich argumentiert auch Stephen Holmes. Er verweist darauf, dass sich in der Beurteilung der Folterbefürworter durch den „ticking bomb-Fall" ungesetzmäßiges Verhalten zur Heldentat wandelt.[311] Luban nennt ein Fallbeispiel, in dem eine sog Rettungsfolter erfolgreich war. 1995 wurde durch die Folterung eines Pakistaners durch philippinische Sicherheitskräfte ein Al-Quaida-Anschlag verhindert, bei dem Tausende von Menschen hätten umkommen können.[312] Allerdings wäre die Folter beinahe erfolglos geblieben: „The Philippine agents were surprised he survived – in other words, they came close to torturing him to death *before* he talked."[313] Luban stellt nun die Frage, was passiert wäre, wenn er gestorben wäre, bevor er geredet hätte? Er verweist darauf, dass die Folterer zu diesem Zeitpunkt kein Wissen haben können über die Schuld oder Unschuld der Verdächtigten. Sie richtig einzuschätzen, sei fast unmöglich. Daher hält er die Rettung von vielen anderen Menschen durch die Folterung eines Individuums für eine sehr hypothetische, um nicht zu sagen, unrealistische Situation. Ebenso unzureichend können die Sicherheitskräfte zu einer richtigen Entscheidung über den zeitlichen Umfang und die Brutalität der zu praktizierenden Folter kommen. Die Zahlenlogik der Folterbefürworter im "ticking bomb"-Fall stellt er auf den Kopf:

> A one percent chance of saving a thousand lives yields ten statistical lives does that mean you can torture up to nine people on a one percent chance of finding crucial information?[314]

In Bezug auf Alan Dershowitz' utilitaristischer Diskussion des "ticking bomb"-Falles zieht Luban dessen Argumentation ins Lächerliche:

> It is the question whether a responsible citizen must unblinkingly think the unthinkable, and accept that the morality of torture should be decided purely by totalling up calculating costs and benefits. Once you accept that only the numbers

---

310 Luban 45.

311 Holmes 128.

312 Luban 45.

313L uban 45.

314 Luban 45.

> count, then anything, no matter how gruesome, becomes possible. 'Consequentialist rationality,' as Bernhard Williams notes sardonically, 'will have something to say even on the difference between massacring seven million, and massacring seven million and one.'[315]

Wichtig sind seine Ausführungen zu möglichen Ausweitungen der Folterungen, diesmal auch auf Unschuldige, wenn eine konsequente Anwendung der Zahlenlogik erfolgen würde: „If suspects won't break under torture, why not torture their loved ones in front of them?"[316] Zusammenfassend zu dem Charakter von „ticking bomb"-Überlegungen stellt Stephen Holmes ihren mangelnden Bezug zur realen Gegenwart und Vergangenheit fest:

> For one thing, the idea that the authorities might get a dangerous terrorist into their custody, after he has planned an attack but before he has executed it, is a utopian fantasy … It makes the legitimacy of torture depend wholly on its future consequences, namely, on the prevention of grave harm.[317]

Die Foltergegner haben somit den „ticking bomb"-Ausgangsfall in erster Linie als etwas rein Hypothetisches aufgefasst, ein Nachdenken über die Auflösung des absoluten Folterverbotes lohne sich hier nicht. Ist die „ticking bomb"-Ausgangslage wirklich rein hypothetisch? Winfried Brugger nennt acht Charakteristiken eines „ticking bomb"-Ausgangsfalles, der, seiner Meinung nach, zumindest auf der Ebene des positiven Rechts, das absolute Verbot der Folter einschränken und damit Folter legitimieren könnte:

> Es liegt eine (1) klare, (2) unmittelbare, (3) erhebliche Gefahr für (4) das Leben und die körperliche Integrität einer unschuldigen Person vor. (5) Die Gefahr ist durch einen identifizierbaren Störer verursacht. (6) Der Störer ist die einzige Person, die die Gefahr beseitigen kann, indem er sich in die Grenzen des Rechts zurückbewegt, also das Versteck der Bombe verrät. (7) Dazu ist er auch verpflichtet. (8) Die Anwendung körperlichen Zwangs ist das einzig Erfolg versprechende Mittel zur Informationserlangung.[318]

Dass diese Situation extrem selten vorkommen wird, liegt auf der Hand, undenkbar ist sie jedoch auch nicht. Christian Fahl weist da-

---

315 Luban 47.

316 Luban 46.

317 Holmes 127-128.

318 Winfried Brugger, „Vom unbedingten Verbot der Folter zum bedingten Recht auf Folter?" *Juristenzeitung* 4 (18. Februar 2000) 167.

raufhin, dass „die Befürworter der Folter in Ausnahmefällen die Moral auf ihrer Seite haben könnten"[319] Günther Jerouscheck und Ralf Kölbel sprechen sich angesichts dieser Tatsache trotzdem gegen den Bruch mit dem absoluten Folterverbot aus, da Fälle wie die Entführung von Jakob von Metzler, bei denen der Schuldige feststand, eine extreme Ausnahmesituation darstellen. Deshalb stelle sich die Frage „ob extreme Ausnahmekonstellationen den Tabubruch wirklich lohnen."[320] Durch die Antifolterkonvention haben sich die Vertragsstaaten verpflichtet, Folter nie, auch nicht in sog. Ausnahmefällen, zu verwenden. Allerdings weist Alan Dershowitz darauf hin, dass es neben der Folter auch staatliche Gewalt gibt, die nicht infrage gestellt wird, wie „shooting a fleeing felon … or the use of lethal force by a soldier in combat."[321] Was unterscheidet nun Folter beispielsweise vom sogenannten „finalen Rettungsschuss" im Polizeirecht? Sind nicht beide Formen staatlicher Gewalt gerechtfertigt, wenn man sie als Notwehrhandlungen sieht? Unter geltendem Völkerrecht ist es gerechtfertigt, dass die Polizei die Möglichkeit hat, Straftäter, die das Leben eines anderen Menschen akut bedrohen, durch einen gezielten Schuss zu töten, beispielsweise bei einer Geiselnahme. Dies versteht man unter dem Begriff des „finalen Rettungsschusses".[322] Man muss also grundsätzlich darauf hinweisen, dass es staatliche Gewalt gibt, und dass sie innerhalb des Rechtsstaates gerechtfertigt ist.

> Das Völkerrecht enthält im Gegensatz zum absoluten Folterverbot kein absolutes Tötungsverbot. Die Rechtsordnung geht somit davon aus, dass das Schutzgut des Folterverbotes, die Menschenwürde, höher zu bewerten ist als der Schutz des Lebens. Die Menschenwürde ist Grundlage aller Menschenrechte und - im Gegensatz zum Recht auf Leben - unabdingbar.[323]

Wichtig ist, darauf zu verweisen, dass der „finale Rettungsschuss" nur als letzte Möglichkeit angesehen werden darf. Wenn der Staat in diesem Fall Gewalt anwenden darf, wieso ist dann Folter durch den Staat nach geltendem Völkerrecht nicht gerechtfertigt? Wenn das „ticking bomb"-Szenario diskutiert wird, nach dessen Logik ein

---

319 Christian Fahl, „Angewandte Rechtsphilosophie - ‚Darf der Staat foltern?" *Juristische Rundschau 5* (2004) 185.

320 Günther Jerouschek und Ralf Kölbel, „Folter von Staats wegen?" *Juristenzeitung 12* (2003) 620.

321 Dershowitz 183.

322 Amnesty International, *Nein zur Folter. Ja zum Rechtsstaat* 4.

323 Amnesty International, *Nein zur Folter. Ja zum Rechtsstaat* 4.

gefasster Terrorist gefoltert werden dürfte, um die Lage einer Bombe, die das Leben tausender Menschen gefährden könnte, herauszufinden, so unterscheidet sich diese Situation wesentlich von der des finalen Rettungsschusses. Bei dem finalen Rettungsschuss übt der betreffende Polizeibeamte als Vertreter des Staates Gewalt aus, weil er den Geiselnehmer als handelndes Subjekt sieht, während bei einer Folter der Gefolterte nur noch als Objekt fungiert, dem gewaltsam Informationen abgerungen werden sollen. Er wurde von keinem Gericht für schuldig erklärt, an terroristischen Planungen beteiligt gewesen zu sein. Im Gegensatz zu einem Geiselnehmer, der seine Geisel akut bedroht, ist die mögliche Schuld des Gefolterten für den Staat schwer einschätzbar und er erfährt eine schwere Menschenrechtsverletzung:

> Der Gefolterte wird zu einem Objekt gemacht, das keinerlei Möglichkeiten mehr hat, die eigenen Rechte wahrzunehmen. Lässt ein Staat foltern, greift er somit in das höchste Rechtsgut ein, das unsere Verfassung kennt.[324]

Zudem lässt sich Folter im Gegensatz zum ‚finalen Rettungsschuss' nicht durch Schutzvorkehrungen rechtsstaatlich regeln.[325] Die Abwägung von Alan Dershowitz zwischen einem Menschenleben und vielen Menschenleben ist, zumindest innerhalb eines menschenrechtlichen Diskurses, nicht möglich:

> Eine Abwägung des Rechts auf Leben einer Person zulasten der Verletzung der menschlichen Würde einer anderen Person ist nicht zulässig. Die staatlichen Organe sind zwar zu einem effektiven Schutz des menschlichen Lebens verpflichtet, doch diese grundsätzliche Wahlfreiheit findet eine nicht zu überschreitende Grenze in der Garantie der Unantastbarkeit der Menschenwürde.[326]

Zu der, von manchen Folterbefürwortern ins Feld geführten Argumentation, die sog. „Rettungsfolter" wäre eine Art Notwehrhandlung des Staates, unterscheidet Christian Fahl zwischen privatem Notwehrrecht und Notwehrhandlungen des Staates. Er schreibt, dass grundsätzlich zwischen „Staatsfolter" und „Privatfolter" differenziert werden solle. Während „Staatsfolter" unter allen Umständen verboten ist, kann „Privatfolter" in manchen Fällen gerechtfertigt sein:

---

324 Amnesty International 3.

325 Amnesty International 5.

326 Amnesty International 5.

> Das private Notwehrrecht ist das ‚heiligste Recht' des Menschen. Es kann ihm durch die Obrigkeit weder genommen, noch beschränkt werden und bleibt auch von internationalen Verträgen unberührt. Daher ist zwischen ‚Staatsfolter' und ‚Privatfolter' zu unterscheiden.[327]

Abschließend ist somit festzuhalten, dass eine Privatperson in manchen Fällen eine gewaltsame Erzwingung einer Aussage zur Rettung eines anderen Menschen begehen dürfte, dem Staat muss es jedoch nach dem naturrechtlichen Rechtssinn verboten bleiben. Das Problem der praktizierten Folter in einem Rechtsstaat würde auch eine weitere Berufsgruppe, neben Juristen und Sicherheitskräften, in ihrem Berufsethos in Bedrängnis führen. Hier wäre die Verletzung des Hippokratischen Eides zu nennen, wenn Ärzte Folterungen beaufsichtigen und kontrollieren sollen.[328] Was wäre das Fazit der Diskussion um die „ticking bomb"-Ausgangslage? Alan Dershowitz benutzt im „ticking bomb"-Fall das moralische Argument geschickt, um für die Folter zu plädieren, trotz der Tatsache, dass seine Argumentation rein inhaltlich nicht mit dem menschenrechtlichen Diskurs zu vereinen ist. Die Folterbefürworter gehen zu wenig auf die moralische Argumentation der Foltergegner ein. Trotz ihres schlüssigen Ergebnisses, das absolute Folterverbot müsse gemäß des naturrechtlichen Rechtsverständnisses geschützt werden, konzentrieren sich die Foltergegner zu sehr auf den hypothetischen Charakter des „ticking bomb"-Ausgangsfalles. Die ethischen Argumente ihrer Seite, wie die Möglichkeit einen unschuldigen Verdächtigen zu foltern, werden zu wenig entwickelt.

V.4 Eine Rhetorik der Gerechtigkeit?

> *„Unrecht-Tun sei also: freiwillig jemanden im Widerspruch zum Gesetz schädigen."*[329]

Nach Aristoteles gehört die Ethik, auf die das Naturrecht aufbaut, und die Rhetorik zusammen. Er schreibt:

> Folglich ergibt es sich also, dass die Theorie der Beredsamkeit gleichsam ein Nebentrieb der Dialektik und der wissenschaftlichen Disziplin der Ethik ist, die mit Recht als Staatslehre bezeichnet wird.[330]

---

327 Fahl 191.

328 Wagenländer 20 und Luban 48.

329 Aristoteles 54.

330 Aristoteles 14.

Die Beiträge in einer juristischen Debatte sollten also immer auch in Bezug auf ihre Rhetorik ethischen Gesichtspunkten verpflichtet sein. Dieses naturrechtliche Rechtsverständnis in Verbindung mit der Argumentation zur Folter war Gegenstand des vorhergehenden Kapitels. Nun sollen zunächst die Argumentationsstrategien von Folterbefürwortern und Foltergegnern jenseits von Moralfragen im Vergleich diskutiert werden. Über die Einschätzung der Effektivität von Folter im „Krieg gegen den Terror" wird nun im Folgenden näher eingegangen. Alan Dershowitz, Heather MacDonald und Andrew McCarthy sind, wie dargestellt wurde, von der Effektivität der Foltermethoden zur Terrorismusbekämpfung überzeugt. Für Joshua Dratel ist dieses Ergebnis empirisch nicht abgesichert:

> In embarking on its policy of authorizing torture and abuse, the United States did not provide any functional basis for jettisoning traditional interrogation methods, not to mention the Geneva Conventions, The Uniform Code of Military Justice, and the Constitution. It did not rely on any historical parallel, cite statistics, quote any scholarly or field study, or refer to somebody of anecdotal evidence, that would justify the conclusion that torture would produce more, and more accurate, information more promptly than would ordinary methods of interrogation.[331]

Diese Argumentation, Folter produziere meist falsche Zeugenaussagen und ist damit ineffektiv, findet sich immer wieder in der Geschichte. Aristoteles schreibt zu diesem Problem der Folter:

> Die auf Folter beruhenden Aussagen sind eine Art von Zeugenaussagen. Sie scheinen Glaubwürdigkeit zu besitzen, weil ein gewisser Zwang angewandt wird. Es besteht jedoch keine Schwierigkeit, in Bezug hierauf das Passende zu sehen, wodurch man ihre Bedeutung erhöhen kann: Wenn sie die eigene Sache begünstigen – sie seien unter allen Zeugenaussagen die einzig wahren, wenn sie aber der eigenen Sache entgegen und auf seiten des Prozessgegners stehen, kann man ihren [[Wahrheitsgehalt]] zerstören, indem man gegen jegliche Art von Folter spricht; denn gezwungenermaßen sagt man ebenso die Unwahrheit [[wie die Wahrheit]], indem man dabei verharrt, die Wahrheit nicht zu sagen, während andere leichter zur Lüge bereit sind, um schneller befreit zu sein.

Die Gegnerschaft eines Aristoteles zur Folter zeigt, dass die mangelnde Effektivität von Folter ein gängiges Debattenthema in der

331 Dratel 112.

Geschichte darstellt und die amerikanische Folterdebatte ähnlichen Diskursstrategien folgt. Zu dem Argument der Möglichkeit einer effektiven Praktizierung einer eingeschränkten Folter oder „torture lite" nennt Deborah Pearlstein Afghanistan als Gegenbeispiel: „The past few years have demonstrated our failure to limit the use of coercion by circumstances or technique."[332] Die von Folterbefürwortern gern benutzte Phrase, man müsse sich von humanitären Utopien verabschieden, verkehrt Deborah Pearlstein für ihre Zwecke ins Gegenteil. Effektive Folter zur Informationsgewinnung gäbe es nur in der Theorie („how the theory of coercive interrogation plays out in the real world"[333]), die sich in der Praxis nicht bewährt hat. David Luban stützt diese Beobachtung von Pearlstein mit Studien der Psychologie. Er weist auf die Gewaltexzesse des Stanford Prison Experiment hin.[334] Zur mangelnden Effektivität einer Folter in einem "ticking bomb"- Fall meint Joshua Dratel:

> The ‚ticking time-bomb' rationale ignores the fact that the torture approved in the current context occurred well after the detainees' apprehension, and continued for months, if not years, thereafter. Thus, any time-bomb would have ceased ticking, and detonated, long before any torture occurred. The same is true for the proposal that 'torture warrants,' whereby judicial approval is obtained for such interrogation methods, are appropriate for the ticking time bomb scenario. By the time judicial imprimatur were obtained, any ticking time-bomb would have already exploded.[335]

Neben der Frage nach der Effektivität von Folter müssen nun Völkerrecht und positives Recht in Beziehung gesetzt werden. Völkerrecht ist zwar auf dem Naturrecht begründet, gilt jedoch auch als positives Recht, genau wie innerstaatliche Gesetze. Dershowitz weist darauf hin:

> All such American complicity in foreign torture violates the plain language of the Geneva Convention against Torture, which explicitly prohibits torture from being inflicted.[336]

---

332 Deborah Pearlstein, „Reconciling Torture with Democracy," *The Torture Debate in America*, ed. Karen J. Greenberg (Cambridge. Cambridge UP, 2006) 254.

333 Pearlstein 254.

334 Luban 51.

335 Dratel 112.

336 Dershowitz 138.

Wie Lotte Leicht schreibt, pflegt die Bush-Regierung ein ambivalentes Verhältnis zum Völkerrecht, indem sie nur die Regeln befolgt, die ihr für ihr Vorgehen im „Krieg gegen den Terror" nützlich sein können:

> Sie [die Regierung Bush] beruft sich selektiv auf die Regeln des humanitären Völkerrechts, die ihr für die Inhaftierung und Befragung Einzelner hilfreich erscheinen - etwa auf das Recht, Kombattanten ohne Anklage bis zum Ende der Feindseligkeiten festzuhalten. Schutzrechte, wie das Recht des Kombattanten auf individuelle Feststellung seines rechtlichen Status, werden dagegen ignoriert.[337]

Ist dieses ambivalente Verhältnis zum Recht nicht auch in der amerikanischen Folterdebatte wiederzufinden? In der Diskussion zu rechtsfreien Räumen haben wir gesehen, dass teilweise dafür plädiert wird, die Geltung des Rechtes nur auf den geografischen Bereich der amerikanischen Nation zu beschränken. Wird Recht hier nicht an sich relativiert und in seinem Wesen beschnitten?

Die Veränderung des rechtlichen Diskurses seit dem 11. September beschreibt Brian Z. Tamanaha als Wesensveränderung des Rechts, das seinen eigenen Prinzipien nicht mehr treu ist:

> In pursuit of the end of combating terrorism, law of war was used to justify torture, which should be unacceptable to a principled law. If law was understood to have its own internal integrity, a principled core of right, any attempt to justify torture in legal terms would have been beyond plausibility, dismissed out of hand rather than contemplated as an arguable matter.[338]

Weiterhin bemerkt er, dass Folter, wenn sie trotzdem angewendet würde, bei einem intakten Rechtsverständnis vom rechtlichen Standpunkt aus eine Ächtung erfahren hätte:

> The torture might still have taken place, of course, but with the understanding of the government officials involved that they were embarking upon a patently illegal course of action for reasons they considered absolutely compelling. This action would represent a challenge to the power of law (at least until legal institutions mounted their response), but it would have confirmed that law is principled in nature.[339]

337 Leicht.

338 Tamanaha 219.

339 Tamanaha 219.

Er beschreibt hier eine Art Auflösung des Rechts, die Zerstörung des eigenen rechtlichen Selbstverständnisses. Die aktuell praktizierte Folter findet in rechtsfreien Räumen statt und kann in dieser Form auch nicht durch ein rechtspositives Rechtsverständnis legitimiert werden. Noah Feldmann fasst die Kritik an der Folterdefinition des Foltermemorandums, verfasst von Bybee, noch einmal zusammen:

> To much of the legal community, the greatest flaw in the torture memos is that they sought to evade the law by finding categories and spaces where no law applied. In so doing, they resisted and ultimately subverted the rule of law itself.[340]

Dies alles geschieht aufgrund einer politischen Instrumentalisierung des Rechts, die Alan Dershowitz kritisiert:

> a reduction in the checks and balances each branch of government imposes on the others, an abrogation of the rule of law. It is this reality that perhaps explains why so many Americans were rightly appalled to learn of the "shadow government" secretly put in place following September 11, 2001. This 'government' did not include a legislative or judicial branch. It was limited to the executive branch and the military that serves under it. That lacks the feel of freedom![341]

Die Gefahr einer Einschränkung der Gewaltenteilung ist gegeben. Neben der politischen Instrumentalisierung des Rechts durch die Exekutive stellt die mangelnde Transparenz der Vorgehensweisen der US-Regierung im „Krieg gegen den Terror" ein weiteres schweres Problem dar. Ein offener, rechtsstaatlicher Diskurs, wie ihn Jürgen Habermas definiert hat, ist somit gar nicht möglich.

Deborah Pearlstein lehnt die nicht öffentliche Weise, in der Folter durch US-Behörden geschah, als undemokratisch ab.[342] Verbunden mit den Foltervorwürfen ist die Gängelung der Presse, Journalisten sind nur unter bestimmten Restriktionen zu den Inhaftierten, beispielsweise auf Guantánamo Bay, zugelassen, was einen informierten öffentlichen Diskurs erschwert. David Hume hat, als einer unter vielen Autoren, auf die Wichtigkeit einer freien Presse hingewiesen. Faktenhintergründe sind unerlässlich, um eine Diskussion um Folter innerhalb eines Rechtsstaates zu führen:

---

340 Feldmann 275

341 Dershowitz 129.

342 Pearlstein 255.

> [I]t is to be hoped that men, being every day more accustomed to the free discussion of public affairs, will improve in their judgment of them and be with greater difficulty seduced by every idle rumor and popular clamor.[343]

Dies erfordert, dass Journalisten, beispielsweise auf Guantánamo, nicht in ihrem Bewegungsraum beschränkt und nur mit fünfhundert Metern Abstand an die Zellen mit den Häftlingen herangelassen werden. Des Weiteren sollten sie die Möglichkeit erhalten, die Internierten zu interviewen und alle Teile der verschiedenen Camps auf Guantánamo Bay besichtigen zu können.[344] Das dies nicht passiert, führt dazu, dass die am eigenen Leib erfahrenen Foltererlebnisse der Inhaftierten öffentlich kaum diskutiert werden, somit auch nicht Gegenstand der hier untersuchten amerikanischen Folterdebatte sind. In Bezug auf die Situation auf Guantánamo Bay und ihr mediales Echo schreibt Roger Willemsen.

> Doch während von journalistischer Seite weltweit viel publiziert, von administrativer Seite viel erwidert worden ist, bleibt die Erfahrung der Gefangenen selbst merkwürdig unterrepräsentiert.[345]

Außerdem gäbe es einen politischen Diskurs der „groben Desinformationen".[346] Diese Desinformationen führten zu einer dauerhaften Stigmatisierung der Gefangenen als gefährliche Kriminelle: „Die Schuldvermutung überlebt offenbar selbst die Freisprüche durch die US-Behörden, und das ist tatsächlich eine der fatalen Folgen der Internierung."[347]

Auch das Justizministerium nimmt an dieser gezielten Desinformation Teil. Michael C. Dorf diskutiert in seinem Artikel, „Renouncing Torture"[348], der, wie alle Beiträge der Veröffentlichung *The Torture Debate in America*, aus dem Jahre 2006 stammt, das neue Foltermemorandum vom Dezember 2004, das entscheidende Aussagen des Foltermemorandums vom August 2002 zurücknimmt. Er bewertet diesen Vorgang im Großen und Ganzen als positive Entwicklung.[349]

---

343 David Hume, „Of the Liberty of the Press," *The Norton Anthology of English Literature*, eds. M. H. Abrams, et al., Band 1 (New York: Norton, 2006) 2844.

344 Willemsen 9.

345 Willemsen 7.

346 Willemsen 8.

347 Willemsen 24.

348 Dorf 247-252.

349 Dorf 247.

In ähnlicher Weise beurteilt dies Joshua Dratel, der das Memorandum von 2004 als positive Entwicklung aufgrund der öffentlichen Debatte eingeordnet hat. Wie jedoch im Oktober 2007 bekannt wurde, gab es 2005 intern ein Geheimmemorandum, das die schärfsten Verhörmaßnahmen der CIA-Geschichte erlaubte:

> It was a very different document, according to officials briefed on it, an expansive endorsement of the harshest interrogation techniques ever used by the Central Intelligence Agency. The new opinion, the officials said, for the first time provided explicit authorization to barrage terror suspects with a combination of painful physical and psychological tactics, including head-slapping, simulated drowning and frigid temperatures.[350]

Der Artikel von Michael C. Dorf weist damit auf ein zentrales Charakteristikum der Folterdebatte hin, wobei die Ungewissheit vorherrscht, nicht alle rechtlichen, politischen und geheimdienstlichen Vorgänge zu kennen, die mit praktizierter Folter zusammenhängen. Vieles wird von den betroffenen US-Behörden geheim gehalten, um eine kritische Überprüfung durch die Öffentlichkeit zu vermeiden. Ein offener, rechtsstaatlicher Diskurs, wie Jürgen Habermas ihn definiert hat, ist somit nur sehr beschränkt möglich.[351]

---

350 The New York Times, „Secret U.S. Endorsement of Severe Interrogations," The New York Times (4. Oktober 2007) htp://www.nytimes.com/2007/10/04/washington/04interrogate.html?_r=1&ex=1192161600&en=0a8e2695f9fdc6a9&ei=5070&emc=eta1&oref=slogin (20.02.2008).

351 Jürgen Habermas, *Faktizität und Geltung* 151-165.

VI. Thematischer Ausblick

Neben der rechtsphilosophischen Diskussion um Folter wäre auch eine rein ethische Diskussion um die Rechtfertigung der Gewaltanwendung bedeutungsvoll. Die in der Arbeit angesprochenen religiösen Argumentationen, die sich sowohl für wie auch gegen Folter verwenden lassen, bedürften einer genaueren Untersuchung. Eine interessante Fragestellung der Amerikanistik wäre die Analyse religiöser Argumentationsstrategien des Puritanismus im kolonialen Nordamerika, die Gewalt gegenüber der indigenen Bevölkerung zu legitimieren. Die Wahrnehmung des kulturell Fremden als Konkurrenz zu der eigenen religiösen Kultur spielt hier eine wichtige Rolle.

Verbunden damit wäre eine andere Fragestellung, eine Medienanalyse über die Konstruierung von kulturell fremden Feindbildern in der konservativen Presse der USA. Die von David Luban geäußerte Sorge, die Entstehung einer Folterkultur durch staatlich eingeführte Folter könne zu einer Brutalisierung der Gesellschaft führen, weist in die Richtung der Diskussion über die amerikanische Todesstrafe. Wie sieht die juristische Debatte über diese Methode in den Vereinigten Staaten aus? Ein Argument der Todesstrafengegner ist die Legitimierung des Tötens in einer Gesellschaft, in der der Staat selbst tötet.

Max Weber sieht als wesentliches Element der Moderne die Zweckrationalisierung.[352] Ist der irrationale, rein körperliche Aspekt der Folter ein Grund dafür, dass es sie immer noch gibt? Gewalt könnte in manchen Fällen eine psychologisch motivierte Gegenbewegung zu der Disziplinierung, die Foucault[353] als zentrales Charakteristikum des modernen Menschen sieht, bedeuten.

Dies führt uns zu der Frage über die Bedeutung von Menschenrechten generell für die amerikanische Kultur. Amerikanischem Selbstverständnis zufolge gehören sie zum Gründungsmythos der Nation. In der praktischen Politik stehen sie jedoch immer in einem Spannungsverhältnis zu Law-and-Order-Auffassungen. Wie wird die Bedeutung der Rechtsstaatlichkeit eingeschätzt? In politikwissenschaftlicher Hinsicht müsste man sich fragen, wie der Präventionsstaat Bürgerrechte einschränkt.

---

352 Max Weber, *Die Protestantische Ethik I: Eine Aufsatzsammlung*, ed. Johannes Winckelmann (Tübingen: Siebenstern, 1981) 339-340.

353 Paul Rabinow, The Foucault Reader (New York: Pantheon Books, 1994) 60-67.

Innerhalb der menschenrechtlichen Fragestellung böte sich eine Analyse der amerikanischen Debatte über biomedizinische Forschung und Menschenrechte sowie dem Einfluss der Globalisierung auf Menschenrechte an.

Die Thematik Folter, die Verletzung eines bürgerlich-politischen Menschenrechts, könnte man auch unter einem anderen Aspekt diskutieren: Folter als Verletzung eines sozialen Menschenrechts, nämlich des Rechts auf Gesundheit. Freilich ist das Recht auf Gesundheit, wie es im Internationalen Pakt über wirtschaftliche, soziale und kulturelle Rechte festgehalten wurde,[354] für die USA rechtlich nicht bindend, da der Pakt von den Vereinigten Staaten nicht ratifiziert wurde. Allerdings könnte man, jenseits amerikanischer Rechtsvorstellungen, mit dem Thema Folter als Ausgangspunkt über die Unteilbarkeit von Menschenrechten diskutieren.

Wie geht die amerikanische Gesellschaft mit der neuen historischen Situation um, nicht mehr unangreifbar im eigenen Land zu sein, was vorher angenommen wurde? Auf diesen Aspekt hin könnte man die nach dem 11. September verfasste fiktionale Literatur in Amerika untersuchen. Dazu gehören würden die verschiedenen Heldengeschichten von Amerikanern, die nach den Anschlägen Menschenleben retteten. Den Feuerwehrleuten kommt hier eine besondere Rolle zu. Innerhalb der Medienberichterstattung wurden sie zum Sinnbild heldenhaften Handelns innerhalb einer der größten nationalen Tragödien der amerikanischen Geschichte, wie sie von der Öffentlichkeit wahrgenommen wurde, stilisiert.

Bei der Analyse des Abu Ghraib-Skandals wäre ebenfalls eine Debatte über die ethische Verantwortung der Medien von Bedeutung. Wann ist die Schwelle von der Informationspflicht zum bloßen Voyeurismus bzw. der Pornografie überschritten, wenn man Bilder von Folterungen ablichtet? Bei den Fotos aus Abu Ghraib spielt im Übrigen auch noch der Geschlechteraspekt eine wichtige Rolle. Der mediale Diskurs drehte sich fast nur um gefolterte und sexuell gedemütigte Männer, da diese auf den Bildern zu sehen waren. Vergessen wird dabei häufig, dass auch Frauen und Kinder in Abu Ghraib gefangen gehalten wurden und damit ebenfalls Opfer von Folter und Vergewaltigung wurden.[355]

---

353 United Nations Organisation, *International Covenant on Economic, Social and Cultural Rights* (16. Dezember 1966) http://www2ohchr.org/english/law/cescr.htm (20.02.2008).

355 Rajiva 18-19.

Außerdem wäre die Analyse transnationaler Debatten wichtig. Die deutsche Debatte über einen Abschuss deutscher Passagierflugzeuge bei einem Terroranschlag hat gezeigt, dass das amerikanische Denken in rechtsfreien Räumen von der politischen Debattenkultur in Deutschland inzwischen auch aufgenommen wurde. In diesem Ausgangsfall hatte der deutsche Verteidigungsminister Jung geäußert, er würde den Abschuss von Passagierflugzeugen auch ohne verfassungsrechtliche Grundlagen befehlen.

Zuletzt bleibt die Frage, ob sich bei Debatten um nationale Sicherheitspolitik die politische Rhetorik von Demokratien und der von Diktaturen wesentlich unterscheidet. Wenn Folter mit nationalen Sicherheitsinteressen bzw. staatlicher Notwehrhandlung legitimiert wird, ist das nicht eine ähnliche Rhetorikstrategie, wie die Rechtfertigung des Einsatzes von Mauerschützen an der deutsch-deutschen Grenze zu Zeiten des Kalten Krieges?

VII. Zusammenfassung

„The prohibition on torture is not just one rule among others, but a legal archetype – a rule which is emblematic of our larger commitment to break the link between law and brutality."[356]

Die Zielsetzung der Arbeit war aufzuzeigen, wie sich die politische Instrumentalisierung der Justiz auf das Konzept der Folter als sprachlichen Begriff auswirkt, sowie die Debattenkultur dieser Folterdebatte und ihrer verschiedenen Argumentationsstrategien zu analysieren. Dies wurde im Rahmen einer Diskurs- und Rhetorikanalyse verfolgt.

Im Kapitel „Juristische Rhetorik und Juristischer Diskurs" wurde aufgezeigt, dass Rhetorik grundsätzlich nicht nach rein formaler Logik funktioniert, da sie auch ästhetische und ethische Wertentscheidungen enthält und in ihrer Argumentation den kulturellen Hintergrund ihres Publikums berücksichtigt.

Historische Erfahrung hat gezeigt, dass das Naturrecht innerhalb des Rechtssystems unabdingbar ist. Der Rechtspositivismus muss ergänzend wirken, darf jedoch das Naturrecht als solches nicht ersetzen.

Folter wurde definiert und festgestellt, dass ihr Verbot völkerrechtlich absolut gilt. Ihre Beziehung zum Oberbegriff „Gewalt" ist dergestalt, dass Folter eine Gewaltform ist, die vom Staat ausgeübt werden muss.

Im Kapitel „Diskursstrategien der Folterbefürworter" wurden zwei wesentliche Argumentationslinien verfolgt, einmal die politische Rhetorik, die sich um nationale Sicherheitsinteressen bemüht, zum anderen die patriotische Rhetorik, der es um die Abgrenzung zum kulturell Fremden geht. Die Umdeutung des Folterbegriffs durch das Foltermemorandum vom 1. August 2002 wurde auch hier verfolgt, da zwischen Folter verschiedener Härtegrade unterschieden wurde.

Im Kapitel „Diskursstrategien der Foltergegner" wurden die wesentlichen Argumentationsstränge der Foltergegner, der menschenrechtliche Diskurs, die ethischen und religiösen Argumentationen, sowie die Verwendung von historischen Vergleichen näher untersucht. Neben der rechtlichen Umsetzung der Menschenwürde, um die es dem Konzept der Menschenrechte geht, verfolgen ethische

---

356 Waldron 1.

Argumentationen sittliches Handeln, auch jenseits des Rechts. Religiöse Argumentationen lassen sich sowohl für wie auch gegen Folter einsetzen und historische Vergleiche haben eine besonders machtvolle Argumentationskraft inne, da sie eine objektive vergangene Realität konstruieren.

Im ersten Vergleichskapitel der Folterbefürworter und Foltergegner wurden die unterschiedlichen Einschätzungen der Foltervorkommnisse von Abu Ghraib und der Foltermemoranden des Justizministeriums einander gegenübergestellt. Die politischen Umstände der amerikanischen Folterdebatte wurden somit herausgearbeitet. Weiterhin wurde die psychologische Bedingtheit der Argumentationen beleuchtet, die im islamistischen Terrorismus eine „außergewöhnliche" Gefahr sehen und deshalb für rechtsfreie Räume plädieren. Grundsätzlich muss bei der amerikanischen Folterdebatte zwischen rational und irrational geführten Diskursen unterschieden werden. Eine beliebte Diskursstrategie sowohl der Folterbefürworter wie auch der Foltergegner ist der Gegenseite mangelnden Realitätssinn sowie utopisches Denken vorzuwerfen.

Die Folter und das naturrechtliche Rechtsverständnis wurde im Rahmen des „ticking bomb"-Falles im Vergleich erörtert. Dies ist der Ausgangsfall, bei dem mithilfe der Moral sowohl für wie auch gegen die Folter argumentiert werden kann, und daher ist er als Teil des Vergleichskapitels besonders reizvoll.

In dem Kapitel „Eine Rhetorik der Gerechtigkeit" wurde aufgezeigt, dass sich die Argumentation für rechtsfreie Räume jenseits der klassischen juristischen Rhetorik, somit auch jenseits der Argumentation für das positive Recht, bewegt. Zudem wurde die zwangsläufige Begrenztheit der Folterdebatte durch die mangelnde politische Transparenz im „Krieg gegen den Terror" verdeutlicht. Im thematischen Ausblick wurden verschiedene Thematiken im Rahmen der Amerikanistik, aber auch bezüglich allgemeiner menschenrechtlicher Fragestellungen vorgestellt, die dem Thema dieser Arbeit verwandt sind.

Zu der praktisch angewendeten Folter soll abschließend noch an eine Anmerkung von David Hume erinnert werden:

> It has also been found as the experience of mankind increases that the people are no such dangerous monster as they have been represented, and that 'tis in every respect

> better to guide them like rational creatures than to lead or drive them like brute beasts.[357]

Auch wenn die menschliche Rationalität heute zur Diskussion steht, sollte humanes Handeln keinesfalls infrage gestellt werden.

---

357 Hume 2844.

VIII. Danksagung

Mein besonderer Dank gilt Herrn Professor Dr. phil. Winfried Herget für die gezielte und persönliche Betreuung dieser Arbeit. Sowohl bei der Themengebung wie auch bei Einzelheiten der Strukturierung war mir sein Rat immer eine große Hilfe. Mein Dank gilt auch Herrn Professor Dr. phil. Bernhard Reitz für die Übernahme des zweiten Gutachtens.

IX. Literaturverzeichnis

IX.1 Analysierte Quellen

Bassiouni, M. Cherif. "Great Nations and Torture." The Torture Debate in America. Ed. Karen J. Greenberg. Cambridge: Cambridge UP, 2006. 256-260.

Bilder, Richard B. und Detlev F. Vagts. „Speaking Law to Power: Lawyers and Torture." The Torture Debate in America. Ed. Karen J. Greenberg. Cambridge: Cambridge UP, 2006. 151-161.

Bowker, David W. "Unwise Counsel: The War on Terrorism and the Criminal Mistreatment of Detainees in U. S. Custody." The Torture Debate in America. Ed. Karen J. Greenberg. Cambridge: Cambridge UP, 2006. 183-203.

Caron, David D. "If Afghanistan Has Failed, Then Afghanistan Is Dead: 'Failed States' and the Inappropriate Substitution of Legal Conclusion for Political Description." The Torture Debate in America. Ed. Karen J. Greenberg. Cambridge: Cambridge, UP, 2006. 214-222.

Casey, Lee A. und David B. Rivkin, Jr. „Rethinking the Geneva Conventions." The Torture Debate in America. Ed. Karen J. Greenberg. Cambridge: Cambridge UP, 2006. 203-213.

Dershowitz, Alan M. Why Terrorism Works: Understanding the Threat, Responding to the Challenge. New Haven und London: Yale UP, 2002.

Dorf, Michael C. "Renouncing Torture." The Torture Debate in America. Ed. Karen J. Greenberg. Cambridge: Cambridge UP, 2006. 247-252.

Dratel, Joshua. "The Curious Debate." The Torture Debate in America. Ed. Karen J.Greenberg. Cambridge: Cambridge UP, 2006. 111-117.

Dubensky, Joyce S. und Rachel Lavery. "Torture: An Interreligious Debate." The Torture Debate in America. Ed. Karen J. Greenberg. Cambridge: Cambridge UP, 2006. 162-182.

Feldman, Noah. "Ugly Americans." The Torture Debate in America. Ed. Karen J. Greenberg. Cambridge: Cambridge UP, 2006. 267-282.

Gillers, Stephen. "Legal Ethics: A Debate." The Torture Debate in America. Ed. Karen J. Greenberg. Cambridge: Cambridge UP, 2006. 236-240.

Greenberg, Karen J. "The Rule of Law Finds Its Golem: Judicial Torture Then and Now." The Torture Debate in America. Ed. Karen J. Greenberg. Cambridge: Cambridge UP, 2006. 1-12.

Holmes, Stephen. "Is Defiance of Law a Proof of Success? Magical Thinking in the War on Terror." The Torture Debate in America. Ed. Karen J. Greenberg. Cambridge: Cambridge UP, 2006. 118-135.

Horton, Scott. "Through a Mirror, Darkly: Applying the Geneva Conventions to 'A New Kind of Warfare.'" The Torture Debate in America. Ed. Karen J. Greenberg. Cambridge: Cambridge UP, 2006. 136-150.

Kutz, Christopher. "The Lawyers Know Sin: Complicity in Torture." The Torture Debate in America. Ed. Karen J. Greenberg. Cambridge: Cambridge UP, 2006. 241-246.

Luban, David. "Liberalism, Torture, and the Ticking Bomb." The Torture Debate in America. Ed. Karen J. Greenberg. Cambridge: Cambridge UP, 2006. 35-83.

MacDonald, Heather. "How to Interrogate Terrorists." The Torture Debate in America. Ed. Karen J. Greenberg. Cambridge: Cambridge UP, 2006. 84-97.

McCarthy, Andrew C. "Torture: Thinking about the Unthinkable." The Torture Debate in America. Ed. Karen J. Greenberg. Cambridge: Cambridge UP, 2006. 98-110.

Pearlstein, Deborah. "Reconciling Torture with Democracy." The Torture Debate in America. Ed. Karen J. Greenberg. Cambridge: Cambridge UP, 2006. 253-255.

Ratner, Michael und Peter Weiss. „Litigating Against Torture: The German Criminal Prosecution." The Torture Debate in America. Ed. Karen J. Greenberg. Cambridge: Cambridge UP, 2006. 261-266.

Shapiro, Jeffrey K. "Legal Ethics and Other Perspectives." The Torture Debate in America. Ed. Karen J. Greenberg. Cambridge: Cambridge UP, 2006. 229-235.

Taft, William H. "War Not Crime." The Torture Debate in America. Ed. Karen J. Greenberg. Cambridge: Cambridge UP, 2006. 223-228.

IX.2 Benutzte Literatur

Adomeit, Klaus. „Der Rechtspositivismus im Denken von Hans Kelsen und von Gustav Radbruch." Juristenzeitung 4 (2003). 161-166.

Amnesty International. Nein zur Folter. Ja zum Rechtsstaat: Für den Schutz des absoluten Folterverbotes. Januar 2005. http://www2.amnesty.de/internet/deall.nsf/3c7abab8e052c42fc1256eeb004ce861/9f87934c699e9e5bc1256fb8004f3aad?OpenDocument (20.02.2008)

Amnesty International. USA: Off the Record: U.S. Responsibility for Enforced Disappearances in the "War on Terror": http://www.amnesty.org/en/library/info/AMR51/093/2007 (20.02.2008).

Anderson, Charles W. „The Human Sciences and the Liberal Polity in Rhetorical Relationship"The Rhetoric of the Human Sciences: Language and Argument in Scholarship and Public Affairs. Ed. John S. Nelsen. Madison: U of Wisconsin P, 1987. 341-362

Aristoteles. Rhetorik. 5. Auflage. Übersetzt von Franz G. Sieveke. München: Wilhelm Fink Verlag, 1995.

Arnim, Gabriele von, et al., eds. Jahrbuch Menschenrechte 2003: Schwerpunkt Terrorismusbekämpfung und Menschenrechte. Frankfurt am Main: Suhrkamp Taschenbuch Verlag, 2002.

Bischescu, Dana Maria. Long-Term Consequences of Political Detention and of Torture in Aged Victims: A Clinical and Psychophysiological Assessment And Treatment Study on A Romanian Sample. Diss. Konstanz U, 2006. http://www.ub.uni-konstanz.de/kops/volltexte/2006/1974/

Brugger, Winfried. „Vom unbedingten Verbot der Folter zum bedingten Recht auf Folter?"Juristenzeitung 4 (18. Februar 2000): 165-173.

Burke, Kenneth. A Grammar of Motives. New York: Braziller, 1955.

Bybee, Jay. „Memo Re: Standards of Conduct for Interrogation Under 18 U. S. C. §§ 2340-2340A, aka the 'Torture Memo'" 1. August 2002. The Torture Debate in America. Ed. Karen J. Greenberg. Cambridge: Cambridge UP, 2006. 317-360.

Corbett, Edward P.J. Classical Rhetoric for the Modern Student. 3rd ed. New York: Oxford UP, 1990.

Danner, Mark. Torture and Truth: America, Abu Ghraib and the War on Terror. New York: New York Review of Books, 2004.

Dershowitz, Alan M. America on Trial: Inside the Legal Battles That Transformed Our Nation. New York: Warner Books, 2004.

DIE ZEIT Online. Genfer Konvention gilt. ZEIT Online, 12. Juli 2006. http://www.zeit.de/online/2006/28/us-genfer-konvention-guantanamo(20.02.2008).

Dworkin, Ronald. „Amerika zerstört seine Selbstachtung. Die Lager in Guantánamo haben die Vereinigten Staaten weltweit in Verruf gebracht. Zu Recht." DIE ZEIT 07. Juli 2005.
http://www.zeit.de/2005/28/Guantanamo?page=all (20.02.2008)

Dworkin, Ronald. Bürgerrechte ernstgenommen.Frankfurt am Main: Suhrkamp, 1984.

Dworkin, Ronald. Is Democracy Possible Here?: Principles for a New Political Debate. Princeton: Princeton UP, 2006.

Fahl, Christian. „Angewandte Rechtsphilosophie – ‚Darf der Staat foltern?'" Juristische Rundschau 5 (2004). 182-191.

Frey, R. G. „Torture." Encyclopedia of Ethics. Band 2. Ed. Lawrence C. Becker and Charlotte B. Becker. New York: Garland, 1992. 1252-1254.

Foucault, Michel. Die Ordnung des Diskurses: Mit einem Essay von Ralf Konersmann. Frankfurt am Main: Fischer, 2007.

Gerhardt, Volker. Immanuel Kants Entwurf „Zum Ewigen Frieden": Eine Theorie der Politik. Darmstadt: Wissenschaftliche Buchgesellschaft, 1995.

Gewitz, Paul „Narrative and Rhetoric in the Law." Law's Stories: Narrative and Rhetoric in the Law. Ed. Peter Brooks. New Haven: Yale UP, 1996. 2-14.

Goodrich, Peter. Legal Discourse: Studies in Linguistics, Rhetoric and Legal Analysis. Basingstoke: Macmillan Press LTD, 1987.

Greenburg, Jan Crawford and Ariane de Vogue. "Bush Administration Blocked Waterboarding Critic: Former DOJ Official Tested the Method Himself, in Effort to Form Torture Policy." ABC News. 2. November 2007. http://abcnews.go.com/print?id=3814076 (20.02.2008).

Großfeld, Berhard. „Rechtsdogmatik/Rechtspoetik." Juristenzeitung 23 (2003).1149-1152.

Habermas, Jürgen. Erläuterungen zur Diskursethik. Frankfurt am Main: Suhrkamp,1992

Habermas, Jürgen. Faktizität und Geltung: Beiträge zur Diskurstheorie des Rechts und des demokratischen Rechtsstaates. Frankfurt am Main: Suhrkamp, 1998.

Hanson, Christopher. "Tortured Logic: CBS held the Abu Ghraib Photos on Principle, Right?" Columbia Journalism Review. Juli/August 2004. http://cjrarchives.org/issues/2004/4/voices-hanson.asp (20.02.2008).

Herdegen, Matthias. Völkerrecht. 6. Auflage. München: Beck, 2007

Hobe, Stephan und Kimminich, Otto. Einführung in das Völkerrecht. 8. Auflage. Tübingen: Francke, 2004.

Horster, Detlef. Jürgen Habermas zur Einführung. Hamburg: Junius Verlag GmbH, 1999.

Horton, Scott. „The Justice Department's Culture of Torture." Harper's Magazine. 6.November 2007. http://harpers.org/archive/2007/11/hbc-90001606 (20.02.2008).

Hume, David. "Of the Liberty of the Press." The Norton Anthology of English Literature Abrams, M. H., et al., eds. Band 1. 8. Auflage. New York: Norton, 2006.

Jerouschek, Günther und Ralf Kölbel. „Folter von Staats wegen?". Juristenzeitung 12 (2003). 613-620.

Kant, Immanuel. Kritik der praktischen Vernunft. Leipzig: Reclam, 1978.

Klemm, David E. "The Rhetoric of Theological Argument." The Rhetoric of the Human Sciences: Language and Argument in Scholarship and Public Affairs. Ed. John S. Nelsen. Madison: U of Wisconsin P, 1987. 276-297.

Krennerich, Michael „Menschenrechte - ein Einstieg." Handbuch der Menschenrechtsarbeit. Ed. Gabriela M. Sierck, Michael Krennerich, Peter Häußler. Online Edition 2006/2007. http://www.fes.de/handbuchmenschenrechte/03-menschenrechte-einstieg.html (20.02.2008).

LaRue, Lewis H. Constitutional Law as Fiction: Narrative in the Rhetoric of Authority. University Park, Pa.: Pennsylvania State UP, 1995.

Leicht, Lotte. „Bush zerstört Amerikas Werte." DIE ZEIT 1. April 2004 Nr. 15.http://www.zeit.de/2004/15/Essay_Leicht?page=1 (20.02.2008).

Levin, Daniel. „Memo Re: Legal Standards Applicable Under 18 U.S.C. Sec. 2340-2340A, December 30, 2004," The Torture Debate in America. ed. Karen J. Greenberg. Cambridge: Cambridge UP, 2005. 361-376.

Mayer, Jane. "Outsourcing Torture: The Secret History of America's 'Extraordinary Rendition' Program." The New Yorker. 14. Februar 2005. http://www.newyorker.com/archive/2005/02/14/050214fa_fact6 (20.02.2008).

Mayer, Jane. "The Experiment: The Military Trains People to Withstand Interrogation. Are those Methods Being Misused at Guantánamo?" The New Yorker, 11. Juli 2005. http://www.newyorker.com/archive/2005/07/11/050711fa_fact4 (20.02.2008).

Megill, Allan und Donald N. McCloskey. „The Rhetoric of History." The Rhetoric of the Human Sciences: Language and Argument in Scholarship and Public Affairs. Ed. John S. Nelson. Madison: U of Wisconsin P, 1987. 221-238.

Mills, Sara. Michel Foucault. London: Routledge, 2003.

Nickel, James W. "Human Rights." Enyclopedia of Ethics. Ed. Lawrence C. Becker ud Charlotte B. Becker. Band 1. New York: Garland, 1992. 561-565.

Rabinow, Paul. The Foucault Reader. New York: Pantheon Books, 1994.

Rajiva, Lila. The Language of Empire. Abu Ghraib and the American Media. New York: Monthly Review Press, 2005.

Rüthers, Bernd. Rechtstheorie: Begriff, Geltung und Anwendung des Rechts. 2. Auflage. München: Beck, 2005.

Shogan, Colleen J. The Moral Rhetoric of American Presidents. College Station, Texas: Texas A&M UP, 2006.

Spiegel Online. „Abu Ghureib: Chronologie eines Folter- Skandals." Spiegel Online. 23. August 2004. http://www.spiegel.de/politik/ausland/0,1518,314635,00.html (20.02.2008)

Posner, Richard A. Law and Literature: A Misunderstood Relation. Cambridge, Massachusetts: Harvard UP, 1988.

Tagesschau.de. Folter im Irak: Chronologie der Folteraffäre in Abu Ghraib. Tagesschau.de 15. Januar 2005. http://www.tageschau.de/ausland/meldung203586.html (20.02.2008).

Tamanaha, Brian Z. Law as a Means to an End: Threat to the Rule of Law. Cambridge: Cambridge UP, 2006.

The New York Times. "Secret U.S. Endorsement of Severe Interrogations." The New York Times, 4. Oktober 2007. htp://www.nytimes.com/2007/10/04/washington/04interrogate.html?_r=1&ex=1192161600&en=0a8e2695f9fdc6a9&ei=5070&emc=eta1&oref=slogin (20.02.2008).

The New Yorker.The Abu Ghraib Pictures. The New Yorker 3. Mai. 2004 http://www.newyorker.com/archive/2004/05/03/slideshow_040503?slide=1#showHeader) (20.08.2008).

Trosborg, Anna. Rhetorical Strategies in Legal Language: Discourse Analysis of Statutes and Contracts. Tübingen: Narr, 1997.

United Nations Organisation. Convention against Torture and Other Cruel, Inhuman or Degrading Treatment or Punishment. 10. Dezember 1984. http://www2.ohchr.org/english/law/cat.htm (20.02.2008).

United Nations Organisation. Geneva Convention Relative to the Treatment of Prisoners of War (12. August 1949). http://www2.ohchr.org/english/law/prisonerwar.htm(20.02.2008).

United Nations Organisation. International Covenant on Civil and Political Rights. 16. Dezember 1966. http://www2.ohchr.org/english/law/ccpr.htm (20.02.2008).

United Nations Organisation. International Covenant on Economic, Social and Cultural Rights. 16. Dezember 1966. http://www2.ohchr.org/english/law/cescr.htm (20.02. 2008)

United Nations Organisation. Universal Declaration of Human Rights. 10. Dezember 1948. http://www.unhchr.ch/udhr/lang/eng.htm (20.02.2008).

Wagenländer, Georg. Zur Strafrechtlichen Beurteilung der Rettungsfolter. Berlin: Duncker & Humboldt, 2006.

Waldron, Jeremy. Torture and Positive Law: Jurisprudence for the White House, 11. April 2005: http://www.columbia.edu/cu/law/fed-soc/otherfiles/waldron.pdf (20.02.2008).

Wallach, Evan. "Waterboarding Used to Be a Crime." The Washington Post4. November 2007 http://www.washingtonpost.com/wp-dyn/content/article/2007/11/02/AR2007110201170_pf.html (20.02.2008).

Wallach, Evan. Drop by Drop: Forgetting the History of Water Torture in U.S. Courts. (Draft) 2006.

http://www.pegc.us/archive/Articles/wallach_drop_by_drop_draft_20061016.pdf (20.02.2008)

Walsh, Joan. The Abu Ghraib Files. Salon.com.14. März 2006. http://www.salon.com/news/abu_ghraib/2006/03/14/introduction/index.html (20.02.2008).

Weber, Max. Die Protestantische Ethik: Eine Aufsatzsammlung. Ed. Johannes Winckelmann. 6. Auflage. Tübingen: GTB Siebenstern, 1981.

Weiner, Eric. "Waterboarding: A Tortured History." NPR 26 Januar 2008. http://www.npr.org/templates/story/story.php?storyId=15886834 (20.02.2008).

White, James Boyd. „Rhetoric and Law: The Arts of Cultural and Communal Life." The Rhetoric of the Human Sciences: Language and Argument in Scholarship and Public Affairs. Ed. John S. Nelson. Madison: U of Wisconsin P, 1987. 298-318.

Willemsen, Roger. Hier spricht Guantánamo: Interviews mit Ex-Häftlingen. Frankfurt am Main: Fischer Taschenbuch, 2007.

World Health Organisation.World Report on Violence and Health: Summary 2002. Geneva:World Health Organisation, 2002. http://www.who.int/violence_injury_prevention/violence/world_report/en/summary_en.pdf (20.02.2008).

Yoo, John und Robert Delahunty. „Memo Re: Application of Treaties and Laws to al Quaida and Taliban Detainees. January 9, 2002." The Torture Papers: The Road to Abu Ghraib. Ed. Karen J. Greenberg und Joshua L. Dratel. Cambridge: Cambridge UP, 2005. 38-80. 38-79.

Zippelius, Reinhold. Rechtsphilosophie: ein Studienbuch. 4. Auflage. München: Beck, 2003.

Zeitfracht Medien GmbH
Ferdinand-Jühlke-Straße 7
99095 Erfurt, Deutschland
produktsicherheit@kolibri360.de